好妈妈及早教孩子看透的人性弱点

智文 编著

中国纺织出版社有限公司

内 容 提 要

父母是孩子的第一任老师，孩子的性格、个性乃至整个人生的塑造都与父母有着密切的关系。我们培养孩子，不仅要让孩子获得优异的学习成绩和出色的竞争技能，更要让孩子尽早学会看透人性弱点，培养高情商，进而不断完善自我，实现全方位发展。

本书从心理学的角度，运用朴素、活泼的语言，告诉妈妈们如何带领孩子剖析自我、了解自己和他人的行为特点和人性弱点，让孩子学会了解自己和他人的内心世界，并引导孩子突破自身弱点，希望能对广大的妈妈和孩子都有所帮助。

图书在版编目（CIP）数据

好妈妈及早教孩子看透的人性弱点 / 智文编著. --北京：中国纺织出版社有限公司，2024.4
　　ISBN 978-7-5229-0991-2

Ⅰ. ①好… Ⅱ. ①智… Ⅲ. ①成功心理—少儿读物
Ⅳ. ①B848.4-49

中国国家版本馆CIP数据核字（2024）第042878号

责任编辑：柳华君　　责任校对：江思飞　　责任印制：储志伟

中国纺织出版社有限公司出版发行
地址：北京市朝阳区百子湾东里A407号楼　邮政编码：100124
销售电话：010—67004422　传真：010—87155801
http://www.c-textilep.com
中国纺织出版社天猫旗舰店
官方微博 http://weibo.com/2119887771
三河市延风印装有限公司印刷　各地新华书店经销
2024年4月第1版第1次印刷
开本：710×1000　1/16　印张：12.5
字数：135千字　定价：49.80元

凡购本书，如有缺页、倒页、脱页，由本社图书营销中心调换

前言
Preface

有人说，家庭对孩子一生的成长是至关重要的，家庭是孩子人生的第一所学校，家长是孩子最重要的启蒙老师，而妈妈则承担了更多的抚育孩子的责任。从孩子呱呱坠地开始，作为妈妈就见证了孩子的第一声啼哭、第一次牙牙学语、第一次走路、第一次入学，孩子的每一步成长都牵绊着妈妈的心。

作为妈妈，我们都希望能培养优秀的孩子，为此，很多妈妈认为必须督促孩子努力学习、考出好成绩，而其实我们忽略了一点——学习能力的培养只是一方面，孩子还必须要有一定的认识他人和认识自我的能力。我们的孩子早晚要进入社会，要与他人竞争，他们的人际关系能力如何、能否在职场拼杀中保护自我，都在考验着他们的情商。作为妈妈，我们有必要尽早让孩子看透人性的弱点，这是孩子情商培养的关键。情商不仅是一个人获得成功的关键因素，而且能让人充分发挥自身潜能、掌控情绪，从而与周围的人在接触中表现出良好的亲和力，并在生活工作中获得比别人更多的机遇。

作为妈妈，引导孩子尽早了解人性，也能让孩子学会了解自我和完善自我。心理学家指出，6岁以前的情感经验对人的一生具有恒久的影响，在此之前，如果孩子自卑、悲观、意志力薄弱、自闭、依赖他人等，会很大程度地影响其今后的个性发展和品格培养。而且，如果负面情绪频繁出现而且持续不断，就会对个人产生持久的负面影响，进而影响孩子的身心健康与人际关系的发展。

因此，作为父母，我们必须尽早重视孩子的情商教育尤其是其对人性的

了解教育，进而帮助孩子了解他人并认识自己、控制自己、提高自己，让孩子从小就拥有优质的情商。

为了能让妈妈在帮助孩子看透人性这一教育问题上少走弯路，我们编撰了这本《好妈妈及早教孩子看透的人性弱点》。它不仅适用于那些致力于培养孩子高情商的妈妈，也能帮助孩子弥补自身缺点。本书没有高深莫测的教育学理论、晦涩难懂的教育语言，而是以平实的语言、鲜活的案例，帮你真正走进孩子的内心，帮助读懂你的孩子；引导孩子洞悉人性，培养其积极上进的心理品质，进而拥有自己幸福、美好的人生。

2023年10月

目录
Contents

上篇
带领孩子洞悉人性弱点，克服自身不足

Part 1 心高气傲：告诉孩子可以自信，但不能自负 _ 003

告诉孩子人外必有人，天外必有天的道理 _ 005
引导孩子认识"谦受益，满招损"的道理 _ 010

Part 2 妄自菲薄：让孩子克服自卑这颗人性毒瘤 _ 015

自卑，是孩子成长路上的绊脚石 _ 017
自信，能让孩子走得更远 _ 024

Part 3 傍人门户：培养孩子自强自立的能力 _ 029

告诉孩子，他不可能一辈子依赖任何人 _ 031
培养自立自强的孩子 _ 039

Part 4 意志薄弱：好妈妈要努力打造坚强的好孩子 _ 043

别让挫折消磨孩子的心志 _ 045
告诉孩子坚强是一种力量 _ 052

Part 5　三心二意：孩子的注意力要尽早培养 _ 057

三心二意是每个孩子都必须克服的性格弱点 _ 059
尽早培养孩子专心这一品质 _ 063

Part 6　畏惧压力：帮助孩子正视压力并激发其动力 _ 067

压力过大，青少年容易失去信心 _ 069
让孩子正视压力，明白压力也是动力 _ 078

Part 7　自私自利：鼓励孩子多为他人着想 _ 081

自私自利的孩子讨人厌 _ 083
鼓励孩子多与人分享，享受简单的快乐 _ 089

Part 8　好逸恶劳：告诉孩子努力才能收获幸福未来 _ 093

激发孩子的进取心，让孩子告别安逸 _ 095
告诉孩子，努力的人才会更幸运 _ 102

下篇
克服弱点：让孩子明白人最大的敌人是自己

Part 9　以貌取人：引导孩子学会一视同仁看待周围人 _ 107

激发孩子的同理心，引导其勿以外貌评判人 _ 109
激发孩子的自尊心，引导其尊重他人 _ 113

Part 10　勇气不足：每个妈妈都要从小培养孩子勇敢的品质 _ 115

　　青春阳光的孩子，就要有一颗冒险的心　　_ 117
　　越是勇敢的孩子，越能实现卓越　　_ 125

Part 11　爱找借口：告诉孩子不找借口才能找到出口 _ 129

　　懒惰的孩子总喜欢找借口　　_ 131
　　告诉孩子懦弱的人才总给自己找借口　　_ 135

Part 12　互相攀比：引导孩子学会积极正面地与人比较 _ 139

　　告诉孩子，不要和同学盲目攀比　　_ 141
　　告诉孩子，穷且益坚不坠青云之志　　_ 146

Part 13　表里不一：让孩子学会真诚对待身边的每个人 _ 149

　　妈妈别做孩子表里不一的坏榜样　　_ 151
　　告诉孩子诚信是立世之根基　　_ 155

Part 14　苛求完美：让孩子明白人无完人的道理 _ 159

　　如何引导有缺陷的孩子远离自卑的泥潭　　_ 161
　　让孩子明白，一味地追求完美反而不美　　_ 167

Part 15　不愿反省：每天带领孩子上一堂自省课 _ 171

　　警惕自大和爱抱怨的小毛病　　_ 173
　　经常带领孩子自我反省，帮助孩子养成自省的习惯　　_ 176

Part 16	爱慕虚荣：小小年纪就爱虚荣的孩子怎么引导 _ 181

理性分辨他人言论，不被甜言蜜语冲昏头脑 _ 183
妈妈有几分淡泊，孩子就有几分淡泊 _ 188

参考文献 _ 192

上篇

带领孩子洞悉人性弱点，克服自身不足

Part 1
心高气傲：告诉孩子可以自信，但不能自负

本质分析

　　人不能没有一些傲气，尤其对于青少年来说，在适当的范围内，心高气傲可以激发昂扬的斗志，树立必胜的信心，坚定战胜困难的信念，使自己能勇往直前。但是，这种自傲又必须建立在客观现实的基础上，不要总以为自己是最优秀的。如果脱离了实际，那么心高气傲的心理不但不能帮助青少年成就事业，反而会影响他们的生活、学习和人际交往，严重时还会影响心理健康。

实际表现

（1）自视过高，认为自己非常了不起，看不起别人，总认为自己比别人强很多。

（2）很少关心别人，与他人关系疏远。

（3）时时事事都从自己的利益出发，从不顾及别人。

（4）不求于人时，对人没有丝毫的热情，似乎人人都应为自己服务。

（5）固执己见，唯我独尊，总是将自己的观点强加于人。

（6）在明知别人正确时，也不愿意改变自己的态度或接受别人的观点。

（7）喜欢抬高自己贬低别人，把别人看得一无是处。

（8）极力去打击别人、排斥别人，当别人失败时，会幸灾乐祸。

Part 1　心高气傲：告诉孩子可以自信，但不能自负

告诉孩子人外必有人，天外必有天的道理

赫兹利特曾说过："把自己的长处想得太多的人，就是要别人想及他的短处。"有一种人，他们总是很自负，对待任何人、任何事都心高气傲，从不把别人看在眼里，总是一副自以为是的样子。殊不知，这种心高气傲的心理其实是一种盲目乐观主义的表现，它像一个填满烂泥的沼泽，一旦陷进去就很难爬出来，使我们终日沉湎于自己往日的风光中，看不到未来的路。

每个生活在地球上的人，由于所处环境的不同，接触人群的不同，所接收的知识必然是有所区别的。没有一个人能够在所有方面都精通，更多的是很多方面都不怎么样，却独独一方面很有天分的人才。每一个人都有着自己的不足和特长。在这世上千千万万人之中，总有比我们强的人。所以我们做事要量力而行，切不可过分自信。如果一个人太过心高气傲，认为自己无所不能，那么他只是自欺欺人，最终成为别人的笑柄。

在一块石头下面，有一群蚂蚁。其中有一只力量非常大的蚂蚁，它的力量是史无前例的，它可以非常轻松地背起两颗稻粒儿。论勇气，它的勇气也是空前绝后的。它会像老虎钳一样一口咬住青虫，而且敢单枪匹马地与蟑螂作战。因此它在蚁穴里名声大起，成为众多蚂蚁谈论和仰望的对象。

在以后的日子里，它每天都陶醉于那些赞扬的话语中。甚至有一天它想到要去城市里大显身手，让城市人也见识见识它这个大力士。于是，它爬上最

大的卖柴车，大模大样地坐在车夫的身旁，像个君主一样地进城去了。

然而，满怀希望的大力士蚂蚁万万没有想到这一次进城却碰了一鼻子灰，它想象着人们会云集而来仰慕它这位大力士。可是，城里的每个人都在忙于自己的事情，根本就没人去理会它。于是大力士蚂蚁找到一片草叶，在地上把草叶拖来拖去，它敏捷地翻筋斗，飞快地跳跃，可是没有人注意，更没有人来看。于是，当它卖力地耍完了十八般武艺之后，只能抱怨道："城里人太盲目、太糊涂了，难道是我自以为是吗？我表演了各种武艺，却没有人给予真正的重视，如果你们来到我们蚁穴里就会知道，我在蚁穴里可是声名显赫的。"

心高气傲的人就如同这只大力士蚂蚁一样，总是觉得自己很了不起，自以为很优秀，然而一旦走出"蚁穴"，就会发现其实自己根本无人在意。

有的人总是自命不凡，他们总是高估自己的能力，过度自高、自大，自以为是，就是不自知，这使他们会不自觉地藐视别人的价值，把别人看得一文不值，甚至会贬低别人来抬高自己。莎士比亚在他的戏剧中写道："拒绝生命，嘲笑死亡，只抱着野心，把智慧、思想、恐怖都忘却，正如你们所知，心高气傲是人类最大的敌人。"每一个青少年都不要过度自负，因为过于自负的人，最后只会在自己的心高气傲里走向毁灭。

古人云：人外有人，天外有天。青少年要知道，世界上没有最强的人，只有更强的人。骄傲自大、自以为是只会让自己吃尽苦头，每一个青少年都不要为自己一点点的成功而沾沾自喜，更不要自以为是、盲目心高气傲，而要保持沉静的心态，谦逊地面对生活中的人和事。

人们把自己想得太伟大时，正足以显示本身的渺小。

——王尔德

Part 1　心高气傲：告诉孩子可以自信，但不能自负

测一测：你是个心高气傲的人吗?

1.参加聚会时，你会和每个人都侃侃而谈吗?

2.你的记忆力很好吗?

3.如果你无意伤了别人的心，你会难过吗?

4.你认为你的优点多于缺点吗?

5.如果店员的服务态度很恶劣，你会去找他们的经理吗?

6.面对旁人的批评，你会感到难过吗?

7.你很少对别人讲出你真正的看法吗?

8.你经常怀疑周围人对你的赞美吗?

9.你经常强迫自己做很多不愿意做的事情吗?

10.你满意自己的外表吗?

11.你觉得自己的能力比别人强吗?

12.你常常羡慕别人取得的成就吗?

13.你是一个受欢迎的人吗?

14.为了不使家人难过，你会放弃自己喜欢做的事吗?

15.你很有幽默感吗?

16.你懂得怎样搭配衣服吗?

17.危急时刻，你也能保持镇定吗?

18.你与别人合作得很好吗?

19.你认为自己很平常吗?

20.你常常希望自己长得像某个人吗?

21.聚会上，只有你自己穿得不正式，你会感觉不自然吗?

22.你觉得自己非常有魅力吗?

007

23.你会为了讨好别人而打扮自己吗？

24.你总是感觉自己不如别人吗？

25.你认为自己属于成功的人吗？

26.你的生活任由他人来支配吗？

27.你会经常欣赏自己的照片吗？

28.即使你没有错，也常常对别人说对不起吗？

29.如果想买件内衣，你会在网上购买吗？

30.你希望自己有更多的天赋和才能吗？

31.买衣服之前，你会先听取别人的意见吗？

32.在聚会上，你常常不会先主动与别人打招呼吗？

33.你有很强的个性吗？

34.当你下定决心，可是没有一个人赞同时，你依然会坚持到底吗？

35.你觉得自己很有吸引力吗？

36.你经常听从他人的意见吗？

评分标准：

第1、2、4、5、10、11、13、15、16、17、18、22、25、27、33、34、35题，答"是"得1分，答"否"得0分；其余各题答"是"得0分，答"否"得1分。

测试结果：

11分及以下：你对自己不是很有信心。你过于谦虚和自我压抑，因此常常被别人支配。要尽量不想自己的短处，多想自己的优点；先要自己看重自己，别人才会看重你。

12~24分：你颇有自信，特别在意自己的才能和成就，但有时或多或

Part 1 心高气傲：告诉孩子可以自信，但不能自负

少会因缺乏安全感而怀疑自己。不妨多提醒自己，在某些方面你并不比别人差。

25~36分：你对自己信心百倍，清楚自己的优点，同时也明白自己的缺点。如果你的得分接近36分，就会被人认为心高气傲，甚至有点嚣张。你要尽量在别人面前谦虚一点，这样才会更受欢迎。

引导孩子认识"谦受益,满招损"的道理

在如今这个快节奏又有些浮躁的年代,骄傲似乎已经成了每个青少年支撑自己的动力。确实,人不能没有一些傲气,尤其对青少年来说,在适当的范围内,心高气傲可以激发昂扬的斗志,树立必胜的信心,坚定战胜困难的信念,使自己能勇往直前。但是,这种自傲又必须建立在客观现实的基础上,不要总以为自己是最优秀的,而要谦逊地面对学习和生活。

谦虚是一种可贵的品格。任何人都难免会有一些缺点,谁也不能说自己是全才。事实上,有错并不可怕,可怕的是那些心高气傲的人固执己见,明知自己错了还要坚持自己的态度而不愿意接受别人的观点,最终造成无法挽回的后果。

一个夏夜,一只飞蛾被追得落荒而逃,躲在一个屋角。这时一只蝴蝶不慌不忙地从书房里飞了出来,落在飞蛾的身边,对飞蛾说:"朋友,发生了什么事让你这样狼狈啊?"

"你不知道,我被人拿着灭虫剂一路追赶,差点命丧黄泉,幸好我逃得快呀!唉!真是太惊险了。"说完飞蛾长长地舒了一口气。这时懒洋洋的蝴蝶不以为然地瞪了飞蛾一眼,说:"哼!一样地活着,我们凭什么要害怕他们人类呢?"飞蛾听后非常吃惊,问蝴蝶:"照你这样说,你是不怕他们人类了?"蝴蝶狂妄地搓了搓前爪,自以为是地说:"曾经是怕他们的,不

Part 1 心高气傲：告诉孩子可以自信，但不能自负

过现在我才不怕呢！""你为什么不怕呢？"蝴蝶落在书桌上一本打开的书上，对飞蛾说："这是一本哲学书，读读吧，看这上面是如何写的，'一只蝴蝶在大洋的另一边扇动翅膀，就可能导致美国气候的变化……'这回知道我有多厉害了吧？只要我轻轻扇动一下翅膀，哼！他们还不知道要被吹到哪里去呢！"

"但是，你以前有没有把人吹走过呢？"飞蛾半信半疑地问蝴蝶。

"以前我不知道自己有这么大的威力，所以没有尝试过，也没有信心与人类斗。现在不同了，我充满信心，只要给我找个人，我肯定会取胜。"说完，蝴蝶很得意地笑着。

这时，一只壁虎爬了过来，被飞蛾看到了。它立刻飞起来，同时提醒蝴蝶："快跑啊，有壁虎来了！"蝴蝶不以为然地看了壁虎一眼说："哼！人类我都不怕，一只小小的壁虎就能把我吓倒吗？正好让你见识见识，看我不把它扇到地球的另一面去！"

傲慢的蝴蝶非但没有逃开，反而充满自信地挥舞着翅膀向壁虎扑去。壁虎一张嘴，在舌头伸缩之间，可怜的蝴蝶就不见了。飞蛾无奈地叹了口气，飞走了。书房里，一阵风轻轻吹过，哲学书也被翻到了下一页……

蝴蝶最终因为自己的骄傲而付出了代价。不论是断章取义，还是自大自满，都是不可取的。当别人对自己提出质疑和善意的提醒时，应该主动去核实情况，做到真正地了解，然后自信满满，盲目的自信最终只会使自己走向失败。倘若蝴蝶能够谦虚些，听进飞蛾的劝阻，也许它不会这样轻易地葬送自己的生命。

"谦受益，满招损"是流传千年的古训，青少年朋友要将谦虚视为一种美德。有一位智者曾写下这样几句话："对上级谦逊，是一种本分；对平级

谦逊，是一种和善；对下级谦逊，是一种高贵；对所有的人谦逊，是一种安全。"谦逊会使一个人从平凡走向辉煌，而心高气傲则往往会使一个人从成功的巅峰滑向失败的深渊。

做人做事谦逊低调、不刻意夸大自己的能力，这既是一种淡泊名利的人格魅力，也是一种处世的智慧。然而，现实生活中却有一些人目空一切，沉醉在自我膨胀的自信中。比如，在学习上，有些人喜欢吹嘘自己的博学，只是留过学，看过几本书，就敢自称饱学之士、满腹经纶。虽然这种人很容易引起他人的注意，求一时之名，得一时之利，但他们肯定会行之不远、登之不高。

达·芬奇曾说过："微小的知识使人骄傲，丰富的知识使人谦逊，所以空心的禾秆高傲地举头向天，而充实的麦穗却低头向着大地。"这种低调的谦逊背后往往隐藏着真正的大智慧。

现代社会最大的问题就是骄矜之气盛行，千罪百恶都是产生于骄傲自大之中。心高气傲的人，不肯屈就于人，不能忍让于人。他们看重自己的利益，不会顾及他人，更不会关心他人。他们以为自己很了不起，总是把自己凌驾于他人之上，对自己的学识与能力评价过高，却看不到自己的短处。有心高气傲倾向的青少年，对自己和别人的看法往往是："我是最好的，别人批评我是出于嫉妒，其实他根本就不如我。"

心高气傲的对立面是谦逊礼让，要做到"谦受益"，就一定不要居功自傲。每一个青少年在生活中，都要常常考虑到自己的问题和错误，虚心地向他人请教学习。这一点，前人为我们树立了很好的榜样。

著名艺术家梅兰芳在一大戏院演出京剧《杀惜》，演到精彩处，场内喝彩声不绝。这时，从戏院里传来一位老人的喊声："不好！不好！"梅兰芳循声看去，是一位衣着朴素的老人。于是，戏一散场，他就用专车把这位老先生接到住地，待如上宾。梅兰芳恭恭敬敬地说："说吾孬者，吾师也。先生言我不好，必有高见，定请赐教，学生决心亡羊补牢。"老者见梅兰芳如此谦恭知礼，便认真指出："惜姣上楼与下楼之台步，按'梨园'规定，应是上七下八，博士为何八上八下？"梅兰芳一听，恍然大悟，深感自己疏漏，纳头便拜，称谢不止。以后每在此地演出，梅兰芳必请老者观看并请其指正。梅兰芳的谦虚大度，不仅使自己的艺术造诣更进一步，也使自己的德行操守胜人一筹，受人尊敬。

青少年朋友要牢记，自夸是明智者所避免的，却是愚蠢者所追求的。人们所尊敬的是那些谦逊的人，而绝不会是那些爱慕虚荣和自夸的人。做一个谦逊的人，实际上就是要做一个被人认同和喜爱的人。全面地认识自我，既要发现自己的长处与优点，又要看到自己的不足与缺点，绝不能"一叶障目，不见泰山"。每个人都会有自己的独到之处，同时也会有不及他人的地方，我们要学习别人的优点，肯定别人的才华，不能因为别人比自己强而心生敌意，并恶意诬蔑、诋毁他人。

人性闪光点：

"谦受益，满招损"是流传千年的古训，青少年朋友要将谦虚视为一种美德。谦逊会使一个人从平凡走向辉煌，而心高气傲则往往会使一个人从成功的巅峰滑向失败的深渊。

Part 2
妄自菲薄：让孩子克服自卑这颗人性毒瘤

本质分析

　　自卑是自尊、自爱、自励、自信、自强的对立面；自卑是我们冲出逆境的绊脚石；自卑是自己为自己设置的障碍。只有跨越自卑这道门槛，自卑者才能集中精力和斗志去做好每一件事，开始一种新的生活。强者不是天生的，也有软弱的时候。强者之所以是强者，是因为强者善于战胜自己的软弱。伟人之所以伟大，是因为他们始终保持着一种积极乐观的心态，始终自信无比。

实际表现

（1）常年情绪低落，常常无缘无故地郁郁寡欢。

（2）过度怕羞，从来不愿抛头露面，不敢接触陌生人。

（3）对交朋结友兴趣索然，甚至拒绝。

（4）有时难以集中注意力，或只能短时间地集中注意力。

（5）对别人给自己的评论十分敏感，特别是对于别人的批评，更是难以接受。

（6）比一般人更追求家长和教师的表扬，而且可能采取不诚实、不适当的方式。

（7）常常贬低、嫉妒他人，如可能为邻桌受到老师表扬而咬牙切齿甚至夜不能寐。

（8）有时会表现得自暴自弃、不求上进，认为反正自己不行，努力也是白搭。

（9）语言表达能力较差，有些口吃，或表述不连贯，或表达时缺乏情感，或词汇贫乏等。

（10）不能正常地承受挫折、疾病等消极因素带来的压力。

自卑，是孩子成长路上的绊脚石

从性格方面讲，具有自卑心理的人性格懦弱、内向，意志比较薄弱。这种人对于别人的误解与无端责难总是习惯妥协、沉默忍受。自卑者总是一味轻视自己，总感到自己这也不行、那也不行，什么都比不上别人。一旦被这种情绪侵袭，便对什么都提不起兴趣，忧郁、烦恼、焦虑也纷至沓来。从此，无论对待学习，还是对待生活，都是心灰意冷、万念俱灰，并失去了奋斗拼搏、锐意进取的勇气。倘若遇到困难或挫折，更是长吁短叹，抱怨生活给予自己太多的坎坷。这与现代人应该具备的自信气质和宽广胸怀是那样的格格不入，可以说，自卑阻碍了我们的成长。

其实每个人在不同的时期，都会产生不同程度的自卑心理。任何人都无法做到没有一丝缺陷，完美主义者更容易产生自卑心理。出现自卑的原因有很多，有的人喜欢以过高的标准要求自己，结果永远达不到目标，导致自卑感产生；有的人很在意别人对自己的评价和看法，对于别人的贬低往往产生自卑的心理；有的人错误地把别人对自己的夸奖当作讥讽，因此感受到的信息就带有自我否定的倾向性，从而会越发感到卑微、低下；有的人对于家庭或自己的经济收入以及地位感到不满，这种攀比心理也会滋生自卑；有的人由于身体的缺陷不能像正常人那样生活，也会产生自卑的心理等。

一般来说，自卑心理主要表现在以下两方面：

1.对自己评价过低

这是自卑的实质,如认为自己的外貌、身高以及学习、交往能力不如他人。一个人对自我评价过低,就会产生自卑感。

2.有泛化性的特点

泛化性的特点是指某种原因造成的自卑情绪容易泛化到其他方面。如一位男同学因身材不好产生自卑,并认为同学看不起他,从而感到自己的言谈举止及社交能力均不如别人,这就是不合理的泛化。自卑心理还具有敏感性和掩饰性,喜欢从别人的言行中寻找、发现对自己不利的评价,或者由于担心被别人知道,常常对自己的缺陷加以掩饰或否认,表现出较强的虚荣心。

研究表明,自卑感严重的青少年,有以下心理缺陷:①缺乏稳定的自我形象,常把自己封闭起来,以掩饰自己的弱点;②对一切事物敏感,因而很容易遭受挫折;③倾向于超脱现实而陷入幻想世界,缺乏社会活动的积极性,有严重的孤独感;④缺乏竞争意识。

产生自卑心理的原因有:

(1)自我认识不足,过于低估自己。人们总是以他人为镜来认识自己,如果他人对自己的评价过低,特别是权威人士的评价,就会影响对自我的认识,从而过低评价自己,产生自卑心理。对自我形象不认同,觉得自己长得不好,或者是进入大学后的优越感降低甚至没有了,自己没有赢得别人尊重的本钱,于是产生了极强的失落感,原有的优越感一下子就成为自卑感。

(2)家庭经济因素。部分学生由于出身贫寒,生活困难,与别的同学相比,觉得自己家庭经济条件太差而感到自卑。这几年,由这方面引起自卑的大学生人数有增加的趋势。

(3)成长经历。人的一生不能说漫长也不能说短暂,但真正对人产生深刻影响的关键时期就那么几个,其中童年经历的影响最深。心理科学的研究已证实,不少心理问题都可在早期生活中找到症结,自卑作为一种消极的心态也不例外。

(4)个人的性格特点、意志品质。气质抑郁、性格内向者大都对事物的感受性强,对事物带来的消极后果有放大趋向,而且不容易将其消极体验及时宣泄和排解。因而外界因素对他们心理的影响往往要比对其他气质、性格类型者的影响大,产生自卑的可能性也相应增大。而意志品质表现为自觉性、果断性和自制力的学生在其上进心、自尊心受到压抑时,不是变得自卑,而是激起更强烈的自尊,及时调整自己的行为,以更大的干劲冲破压抑,努力拼出一条成功之路。但有自卑心理的学生则正好相反,在经过一番努力后尚无效果,便会泄气,认为自己不行,于是变得自卑,对社会产生恐惧感,也无法正常地接触社会上的人。

具有自卑心理的人,总是过多地看重自己不利、消极的一面,而看不到有利、积极的一面,缺乏客观全面地分析事物的能力和信心。这就要求我们努力提高自己透过现象认识本质的能力,客观地分析对自己有利和不利的因素,尤其要看到自己的长处和潜力,而不是妄自嗟叹、妄自菲薄。

自卑只会消磨一个人的雄心、意志,使他自暴自弃、悲观泄气。我们的生活、学业都还刚刚起步,走了点弯路,或成绩一时不如人,也远不足以决定一个人的一生。就好比一个优秀的长跑运动员,刚起跑时,比别人慢了一些,这并不要紧,只要他攒足劲,加加油,照样可以赶上、超过前面的人,甚至可能夺得金牌。当然,看到许多同龄人比自己强,毕竟是一件令人惭愧的事。这时我们要冷静地反思一下造成自己落后的原因,不要让自卑情绪阻碍了我们的成长。

当你喜欢你自己的时候,你就不会觉得自卑。

——罗兰

测一测：你是否自卑？

1.你感到自己是一个有价值的人，至少与其他人在同一水平线上。

2.遇到难事，你想寻求帮助，但又不愿开口，怕被别人取笑或轻视。

3.你认为自己有很多好的品质。

4.当别人遇到麻烦时，你常会伸出援手。

5.归根结底，你倾向于认为自己比较失败。

6.你感觉到自己值得骄傲的地方不多。

7.你喜欢向人炫耀自己的能力和"光荣历史"。

8.常常自问"我行吗"这类问题。

9.你害怕陌生人或陌生的地方。

10.你希望为自己赢得更多尊重。

11.你觉得面子最重要，轻易认错是很没面子的行为。

12.你时常感到自己毫无作用。

13.你是个爱虚荣的人。

14.总的来说，你对自己是很满意的。

15.你能像大多数人一样把事情做好。

评分标准：

第2、5、6、8、9、10、11、12、13题，答"是"得1分，答"否"得0分；其余各题答"是"得0分，答"否"得1分。

测试结果：

0~3分：很有自信，能与人和睦相处。

4~8分：很可能缺乏自信心，行事保守，但这也许能使你生活在平静无事的环境中。如果你认真反思一下，把你认为能做的事列举出来，你就会发现，事实上你能做的事要比你想做的事多一些。

9~15分：你有一种强烈的自卑感，即使表面上你自信、自负或自傲，但你很可能在自信和自卑两极徘徊。有时这种性格上的矛盾令你感到痛苦或害怕，你得想办法采取行动消除自己的自卑感了。

测一测：你对自己哪一方面最没自信？

从这个测验中，你可以找到潜藏在你内心深处的自卑感。请仔细看下面这四只小猫，它们都有自己的特色。你喜欢与讨厌的小猫分别是哪一只呢？

A.高傲自大的猫

B.温驯乖巧的猫

C.活泼好动的猫

D.喜欢黏人的猫

测试结果：

喜欢A、讨厌B的人：

你现在希望能有个人来疼爱你，让你依靠。虽然如此，你仍然会极力将自己的这种期盼隐藏起来，不让别人知道。可以说，你是个缺乏自信的人，对自己的行为感到自卑。

喜欢A、讨厌C的人：

你对自己的外形、容貌有很强的自卑感。其实，你有许多地方非常具有魅力，只是你总喜欢拿自己和别人作比较，总觉得自己糟透了。

喜欢A、讨厌D的人：

你是不是与弟弟、妹妹相比有自卑感，然后一直觉得自己应该要有一番作为才行？你非常希望自己能够自由地率性而为，可是偏偏做不到，你为此感到焦躁、忧心不已。

喜欢B、讨厌A的人：

你是个很没有安全感的人。你喜欢受到众人的吹捧、溺爱，一旦没有受到如此对待，你就会感到很寂寞。因此只要遇到对自己稍微冷淡一点的人，你就会马上丧失信心，感到自卑。

喜欢B、讨厌C的人：

认真老实的你，其实内心激荡不已，明明想要过舒适安乐的生活，偏偏不得不去理会世间的人情世故以及周遭的人、事、物。对自己过分温和软弱的个性感到自卑。

喜欢B、讨厌D的人：

你对自己的言行举止没有信心，在众人面前说话有着超出正常范围的恐惧，在做一件事之前就悲观地认定"我一定不行"。扭扭捏捏的结果就是错失难得的好机会。

喜欢C、讨厌A的人：

目前你没有自卑感。你会勇于尝试、挑战，不怕任何失败，思想相当乐观。有时候难免会太过自满、太过自信，以至于事情往往进展得不是很顺利。

喜欢C、讨厌B的人：

表面上你会将事情很利落地处理完毕，是个相当优秀的人，但其实你对自己的仪容、装扮有很深的自卑感。你很羡慕别人所拥有的东西，对别人的流行感也相当地憧憬。

喜欢C、讨厌D的人：

一直以来，你都非常辛苦地掩饰自己不如人的地方。可是，因为警戒心太重，以至于无法将真正的自己展现出来。你是对自己的口才感到自卑，而不是自己的表达能力比别人差。

喜欢D、讨厌A的人：

因为太过温和、软弱，所以你非常羡慕别人果断的行为和辨才无碍的口才，你希望自己也能和他们一样。你的自卑感在于你的勇气不够。

喜欢D、讨厌B的人：

你是一个勇气十足的人。你不会在意别人的眼光，别人觉得讨厌的事你也会毫不在乎地勇往直前。你的自卑感在于这么做会让别人以为自己是个鲁莽的人，觉得自己的言行举止不够优雅。

喜欢D、讨厌C的人：

你非常活泼好动，静静地坐下来会让你烦躁不已。你希望能和所有人交往，和大家相处愉快，这些你都做到了。只是，有时候你会对自己这种八面玲珑的性格感到自卑。

好妈妈及早教孩子看透的
人性弱点

自信，能让孩子走得更远

自卑是一种消极的自我评价或自我意识，自卑感是个体对自己能力和品质评价偏低的一种消极情感。自卑感的产生往往并非认识上的不同，而是感觉上的差异。其根源就是人们不喜欢用现实的标准或尺度来衡量自己，而相信或假定自己应该达到某种标准或尺度。如"我应该如此这般""我应该像某人一样"等。这种追求大多脱离实际，只会滋生更多的烦恼和自卑，使自己更加抑郁和自责。自卑是人生成功之大敌，它阻碍了我们的成长，我们要摆脱自卑，走向自信。

要征服畏惧，战胜自卑，不能只是夸夸其谈，我们必须付诸实践。只有相信自己，我们才能走得更远。而建立自信最快、最有效的方法，就是去做自己害怕做的事，直到获得成功。具体方法如下：

1.突出自己，挑前面的位子坐

在各种形式的聚会中，或在各种类型的课堂上，后面的座位总是先被人坐满。大部分占据后排座位的人，都希望自己不会太显眼。而他们怕受人注目的原因就是缺乏信心。

坐在前排能建立信心。因为敢为人先，敢上人前，敢于将自己置于众目睽睽之下，就必须有足够的勇气和胆量。久而久之，这种行为就成了习惯，自卑也就在潜移默化中转变为自信。另外，坐在显眼的位置，就会放大自己在领导及老师视野中的比例，提高出现的频率，起到强化自己的作用。因此把这当作一个规则试试看，从现在开始就尽量往前坐。虽然坐前面会比较显眼，但要记住，有关成功的一切都是显眼的。

2.睁大眼睛，正视别人

眼睛是心灵的窗户，一个人的眼神可以折射出性格，透露出情感，传递出微妙的信息。不敢正视别人，则意味着自卑、胆怯、恐惧；躲避别人的眼神，则折射出阴暗、不坦荡的心态。正视别人等于告诉对方："我是诚实的，光明正大的；我非常尊重你，喜欢你。"因此，正视别人，是积极心态的反映，是自信的象征，更是个人魅力的展示。

3.昂首挺胸，快步行走

许多心理学家认为，人们行走的姿势、步伐与其心理状态有一定关系。懒散的姿势、缓慢的步伐是情绪低落的表现，是对自己、对工作以及对别人不愉快感受的反映。倘若仔细观察你就会发现，身体的动作是心理活动的体现。那些遭受打击、被排斥的人，走路通常拖拖拉拉，缺乏自信。反过来，改变行走的姿势与速度，有助于心境的调整。要表现出超凡的信心，走起路来就应比一般人快。将走路速度加快，就仿佛告诉整个世界："我要到一个重要的地方，去做很重要的事情。"步伐轻快敏捷，身姿昂首挺胸，会给人带来明朗的心境，会使自卑逃遁，自信光临。

4.练习当众发言

在大庭广众讲话，需要巨大的勇气和胆量，这是培养和锻炼自信的重要途径。在我们周围，有很多思维敏捷、天资颇高的人，却无法发挥他们的长处参与讨论。其实并不是他们不想参与，而是缺乏信心。

在公众场合，沉默寡言的人都认为："我的意见可能没有价值，如果说出来，可能会让别人觉得很愚蠢，我最好什么也别说。而且，其他人可能都比我懂得多，我并不想让他们知道我是这么无知。"这些人常常会对自己许下渺茫的诺言："等下一次再发言。"可是他们很清楚自己是无法实现这个诺言的。慢慢地，他会越来越不自信。

从积极的角度来看，如果尽量发言，就会增强信心。不论是参加什么性质的会议，每次都要主动发言。有许多原本木讷或有口吃的人，都是通过练习当众讲话而变得自信起来的，如萧伯纳、田中角荣、德谟斯梯尼等。因此，当众发言是信心的"维他命"。

5.学会微笑

大部分人都知道笑能给人自信，它是医治信心不足的良药。但是，仍有许多人不相信。

有这样一则寓言：两只青蛙同时掉进牛奶罐里，其中一只想："完了，全完了，我永远也无法跳出去了。"它失去了自信与奋斗的勇气，所以很快就死了。另一只青蛙告诫自己："我有发达的肌肉和超凡的弹跳力，一定能够跳出去。"它鼓足力量，一次又一次奋起跳跃。不知跳了多少次，它突然发现脚下黏稠的牛奶变得坚实起来。原来，它的反复踩踏使牛奶变成了奶酪。多次的努力换来了新生，它终于从牛奶罐里跳了出去。

这则寓言告诉我们：自信是通往成功之路的基石，是事业航船的风帆，如果不相信自己的能力，将永远不会是事业上的成功者。正如拿破仑说的那样："默认自己无能，无疑是给失败创造机会。"从这个意义上说，树立自信心是战胜自卑感的根本方法。

我们要勇敢地承认自卑，重新认识自卑，只有正确理解自卑的作用，才能使我们去掉虚假的外壳，勇敢地承认、接受、摆脱自卑。我们不能因为自己某一方面的能力不足而怀疑自己的全部能力。我们只要通过各种办法和手段,正确地、全面地进行自我认识和自我评价,善于发现自己的优点,正视自己的缺点,不拿自己的短处与别人的长处比,而做到扬己之长,避己之短,那么就不会受任何自卑心理支配了。

人生不可能总是一帆风顺,每个人都会遇到这样或那样的困难,都要经受许多失败、挫折,但关键在于要认识到胜败乃兵家常事。只要我们有信心和决心去总结经验教训,振奋精神,就能克服困难,应对竞争,战胜对手,获得成功。

爱默生曾说过:"相信有志者事竟成的人终将赢得胜利。"自信是人生获得成功的关键,自卑是实现理想的障碍。青年朋友们,只要我们乐观向上,对前途充满信心,积极进取,就能战胜自卑,成就我们的人生,相信我们能走得更远。

人性闪光点:

自信是通往成功之路的基石,是事业航船的风帆,不相信自己能力的人,将永远不会是事业上的成功者。正如拿破仑说的那样:"默认自己无能,无疑是给失败创造机会。"从这个意义上说,树立自信心是战胜自卑感的根本方法。

Part 3
傍人门户：培养孩子自强自立的能力

本质分析

有依赖心的人本质上就是懒惰的人。大多数有依赖心的人都是没遇到过挫折的，所以有很多事情都不会做。过分依赖他人，使我们难以融入社会，也会妨碍我们健全人格的发展。如果凡事都依靠父母和他人的帮助解决，我们永远也长不大。因此我们要尽可能做些力所能及的事情，培养自己动手的习惯，让自己变得自强自立。

实际表现

（1）在没有得到他人大量的建议和保证之前，不能对日常事务作出决策。

（2）总是感觉很无助，让别人为自己作大多数的重要决定，如该选择什么职业等。

（3）明知他人错了，却随声附和，因为害怕被别人遗弃。

（4）无独立性，很难单独展开计划或做事。

（5）过度容忍，为讨好他人甘愿做低下的或自己不愿做的事。

（6）独处时有不适和无助感，或竭尽全力以逃避孤独。

（7）当亲密的关系中止时，会感到无助或崩溃。

（8）很容易因未得到赞许或遭到批评而受到伤害。

告诉孩子,他不可能一辈子依赖任何人

依赖别人,意味着放弃对自我的主宰,这样往往不能形成自己独立的人格。依赖心理主要表现为缺乏自信,放弃了对自己大脑的支配权。往往没有主见,总觉得自己能力不足,甘愿置身于从属地位。总认为个人难以独立,时常祈求他人的帮助,处事优柔寡断,遇事希望父母或师长替自己作决定。

依赖性强的学生喜欢和独立性强的学生交朋友,希望在他们那里找到依靠,找到寄托。在学校喜欢让老师给予悉心指导,时时提出要求,否则他们就像断线的风筝,没有着落,茫然不知所措;在家里一切都任凭父母摆布,甚至连穿什么衣服都没有自己的主张和看法。一旦失去可以依赖的人,他们常常会变得不知所措。依赖性过强的人需要独立时,可能对正常的生活、工作都感到很吃力,内心缺乏安全感,时常感到恐惧、担心,很容易产生焦虑和抑郁等情绪反应,影响身心健康。

天空中飘着几只五颜六色的风筝,鸽子们看了很害怕,不敢出去,于是向老鹰求助,请它当保镖。然而老鹰进入鸽舍后,灾难发生了。短短一天老鹰咬死了许多鸽子。这时鸽子才知道,风筝虽然看起来可怕,却不会伤害它们。

鸽子想依赖老鹰的保护,却没想到竟成为老鹰的食物。由此可见,自立自强最重要,外力是不值得我们完全依赖的。我们不要奢望有人会一辈子都任

我们依赖。虽然依赖外力的保护，的确能有一定作用，然而这种力量有时也是一把"双刃剑"，帮助自己的同时也可能会伤害自己。

现在大部分家庭只有一个孩子，几代人的关心与爱护都集中在这个孩子身上，因此许多孩子都有依赖心理。没有大人一口一口地喂饭，孩子就不肯自己吃；没有人陪着睡觉，就又哭又闹，怎么也不肯上床；和其他小朋友玩耍时也要人陪；早晨起床后总不叠被子，吃完饭也不懂得帮忙洗碗；上学忘了带文具，也要怪父母没有提醒他们……这些情况的发生就是因为孩子们的依赖性太强了。

依赖性强的人，大多都缺乏责任感，遇到一点困难就全丢给别人替他们解决，这种依赖心理对孩子的成长非常不利。然而依赖性是如何养成的呢？一般来说，都与父母有着密切的关系。

孩童时期是人格发展的重要时期。在这个时期，孩子的大部分时间是在家中度过的，家庭教育对孩子独立性的形成有决定性的作用。一般来说，父母包办的事情越多，孩子的依赖性越强。相反，父母如果鼓励孩子自己的事情自己做，孩子的依赖性将大为减弱。

有一位读小学二年级的男孩，习惯赖床。每天早晨，妈妈好几次叫他起床，他总是不情愿地说："再睡会儿。"结果当然是经常迟到，但他还总抱怨是妈妈没把他喊醒，才害他被老师责备，弄得大家都很生气。

这类事情几乎天天上演，爸爸眼看事情不能再继续下去，便告诉儿子："上学是你自己的事情。从明天开始，自己起床。如果闹钟响了你还赖床，没有人会叫你，一切自己负责！"

其实爸爸心中有数，儿子只会跟父母撒娇，在老师、同学面前还是很在意自己的形象，怎敢总是迟到。果然，第二天早晨，闹钟一响，儿子就立刻起床。至今五六年过去了，儿子起床上学再也不用父母催了。有时候，父母还在睡觉，他已经骑车上学去了。

我们从这个男孩的变化可以得知，人的潜力其实很大，我们可以做很多事情，只是父母的溺爱剥夺了我们自立的能力。譬如，学习是我们自己的事，只有靠自己认真听讲、认真思考、认真复习和预习，独立完成学习课业，才能真正掌握学习方法。大人陪读、陪写甚至帮忙写作业，都是在帮倒忙，是在辛辛苦苦地培养孩子的懒惰。当然，如果孩子很勤奋却仍不清楚课题，一起讨论或者请家庭教师都可以，但必须以自己能够独立学习为前提，切忌让大人包办所有的事情，这样会滋生依赖心理。

要克服依赖心理，可从以下几个方面着手：

（1）要充分认识到依赖心理的危害。要纠正平时养成的坏习惯，提高自己的动手能力，多向独立性强的同学学习。不要什么事情都指望别人，遇到问题要作出属于自己的选择和判断，增强自主性和创造性。学会独立地思考问题，培养独立的人格和独立的思维能力。

（2）要在生活中树立行动的勇气，恢复自信心。自己能做的事一定要自己做，自己没做过的事一定要尝试着做。要正确地评价自己。

（3）丰富自己的生活内容，培养独立生活的能力。在学校，主动要求担任一些班级工作，以增强主人翁的意识。这样可以使我们有机会去面对问题，可以独立地拿主意、想办法，增强自己独立的信心。在家里，自己该干的事要自己去干，如穿衣、洗碗、打扫卫生等，不要什么都推给爸爸妈妈。在学校，除了学习以外，要多参加集体活动，并学会帮助他人。

（4）多向独立性强的同学学习。多与独立性较强的同学交往，观察并学习他们是如何独立处理自己的一些问题的。同伴良好的榜样作用可以激发自己

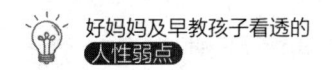

的独立意识，改掉依赖这一不良性格。

没有独立精神的人，一定依赖别人；依赖别人的人一定怕人；怕人的人一定阿谀谄媚人。

——福泽谕吉

测一测：你是一个依赖性很强的人吗？

1.做作业时碰见一道难题，你稍稍想了一下，但还是做不出来，于是你会：

A.继续动脑筋，借助参考书等解答

B.打电话与同学讨论

C.放一边去，等爸妈回来让他们帮着做

2.衣服的纽扣掉下来了，你一般这样处理：

A.自己找来针线缝上

B.让妈妈帮助缝上

C.扔了买新的

3.你的同桌很自私，不仅什么东西都想独占，还在桌上画了线不让你越过，你很生气，于是你会：

A.告诉老师，让老师来教育说服她

B.讲一些伟人的故事启发她，以自己的真诚去感动她

C.随便，顺其自然

4.两位男同学打架，把教室弄得乱七八糟，同学请你这个班干部去解决，于是你：

A.赶快去请老师

B.叫上两位强壮的男同学一起去劝架

C.谁爱打就去打，我不管

5.一位同学告诉你,有位男同学在欺负低年级的同学,希望你和他一起去警告他,于是你会:

A.二话不说,马上去

B.要去你自己去,我才不管闲事呢

C.一起去找老师

6.讨论会上,大家就学习创新问题讨论得十分热烈,一致要求老师改变上课方式,当轮到你发言时,同学们要求你提出好的创新思路,于是你会:

A.你们怎么想就怎么做,我投一票就行了

B.这种问题应该由老师来决定,我们学生没必要那么积极,也没有发言权

C.积极发言,做好总结报告,请老师一起参与学习创新工作

7.家里的电脑有病毒了,爸爸告诉你,抽屉里有一张杀毒软盘,你自己杀一下病毒就可以了,于是你会:

A.找出杀毒软盘,学习试着将病毒杀掉,不懂再问爸爸

B.找出杀毒软盘,试着用了一下,觉得麻烦就算了

C.请爸爸代劳,省事

8.下楼上学时发现忘了带书本,于是你会:

A.打个电话让爸爸把书包送下来

B.自己上楼去取

C.打个电话让爸爸送到学校

9.明天你必须在5:30起床,而你平时一般要睡到6:30,于是你会:

A.请爸爸妈妈明天早点叫醒你,并为你准备早餐

B.自己将闹钟调整好,到时自己起床并做好早点

C.请爸爸妈妈今晚准备好明天的早点,并于明天叫醒你

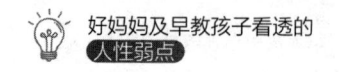

10.你要去参加秋游活动,想准备一些自己喜欢吃的东西和用品,于是你会:

A.让爸爸妈妈陪你去商店买

B.自己去商店购买

C.让爸爸妈妈代劳

11.爸爸妈妈要出差几天,你一个人在家,于是你打算:

A.到外婆家去住几天,直到爸爸妈妈回来

B.自己起床、洗脸、做饭、做作业,自理生活,关好门去上学

C.请同学来家陪你一起住几天

12.你必须去外地看一位亲人,于是你会:

A.带上亲人的详细地址、电话号码、地图,跟对方通好电话,自己坐火车去

B.让家里人陪着去或让亲人的家属来接

C.找个同学一起去

13.你是住校生,于是每个星期你会:

A.让爸爸接送

B.自己坐公交车,然后换校车

C.找个住得近的同学,一起打车去

14.星期天的时候,一般家里都要打扫卫生,于是你会:

A.作为家中的一员,帮助爸爸妈妈一起打扫,并主动将自己的房间整理干净

B.借功课忙对劳动的事不闻不问

C.爸爸妈妈和自己一起整理自己的房间

15.每天晚上洗完澡,换下内衣内裤以后,你会:

A.扔在那儿,让妈妈来洗

B.自己动手洗干净，晾好

C.有空的时候自己洗，没空的时候便让妈妈代劳

评分标准：

1.A=3分；B=2分；C=1分　　2.A=3分；B=2分；C=1分

3.A=2分；B=3分；C=1分　　4.A=2分；B=3分；C=1分

5.A=3分；B=1分；C=2分　　6.A=1分；B=2分；C=3分

7.A=3分；B=2分；C=1分　　8.A=2分；B=3分；C=1分

9.A=1分；B=3分；C=2分　　10.A=2分；B=3分；C=1分

11.A=1分；B=3分；C=2分　　12.A=3分；B=1分；C=2分

13.A=1分；B=3分；C=2分　　14.A=3分；B=1分；C=2分

15.A=1分；B=3分；C=2分

测试结果：

36~45分：独立型

你是一个没有依赖性、独立自主的人。你有冷静的头脑及非凡的判断力，你做什么事都能应付自如，从容不迫。相信生活中的你是个备受人注目的人，能较理智地看待问题。虽说你看似不够温柔多情，但对爱情和事业其实挺投入的，你的恋人和同事都会很欣赏你。这样的你比较容易在社会上自立，也能独立地面对社会中的问题，更容易成才。

26~35分：依托型

你有一定的依赖性，能依则依，缺乏主动锻炼自己的意识。表面独立，但内心还是很脆弱敏感的，你时时梦想着找一个可以全心依赖的人，但事实却常常难以令你满意。在无奈而孤独的人生旅程中，你学会了自己必须靠自己，但是你喜欢细腻温柔的呵护，而且永远不会感到满足。建议你经常利用一切机

会锻炼自己独立做事的能力和意识，让自己变得优秀。

15~25分：依赖型

你是一个依赖性很强的人，这样的你会在将来的人生中碰到许多障碍，影响你的生活能力和态度。工作中的你很怕承担太多的责任，尤其是需要独当一面时，你会十分紧张。一旦有了恋人，便会一心一意依赖对方，自己则完全失去了独立性。但是，一味依赖对方，万一出现意外，你将怎么支撑呢？相信自己，别人能做的事情，你也一定可以胜任。你要给自己制订一个每日计划，坚持每天花半小时做好家务和学校卫生；同时要给自己制定人生目标，如独自去海外留学。仅为这个，你也要做一个自立的人，将依赖性减到最低。

培养自立自强的孩子

人的一生是短暂的。谁若游戏人生，虚度青春年华，他将会一事无成，被社会所淘汰；谁若不能主宰自己，他将永远只是生活的奴隶。反之，谁若能把握住身边的一切机会，像纤夫一样拉紧生命的纤绳，他就能奋发有为；谁若能自强不息，勇往直前，自力更生，不依赖别人，诚实守信，他就是生命的强者，就能在社会的汹涌浪潮中得以生存。只有自立自强，人的一生才是有意义、有价值的。

生活，绝不是一条笔直的道路，而是一条曲折而漫长的征途——既有荒凉的大漠，也有深幽的峡谷，还有横亘的高山。只有矢志不渝地前进，才能赢得光辉的未来；只有顽强不息地攀登，才能到达风光的巅峰。每个人都有自己不同的人生路，如果一个人在不适合自己的路上行走，那他也许会屡屡失败，自强之火也许就会熄灭。这时，若用心去看世界上的一切，看清自己前方的路，那么希望之火也许会重新为它复燃。在人生的长途跋涉中，一时的软弱并不可悲，可悲的是像蜗牛一样，永远都背着沉重的包袱停滞不前，去依赖别人的帮助而存活。

华罗庚中学毕业后，因交不起学费被迫辍学。回到家乡，他一边帮父亲干活，一边继续顽强地自学。不久，他便身染伤寒，生命垂危。他在床上躺了半年，痊愈后却留下了终身的残疾——左腿的关节变形，瘸了。当时，他只有19

岁，在那迷茫困惑、近似绝望的日子里，他想起了失去双腿后著《孙子兵法》的孙膑。"古人尚能身残志不残，我才19岁，更没理由自暴自弃，我要用健全的头脑，代替不健全的双腿！"青年华罗庚就这样顽强地和命运抗争。白天，他拖着病腿，忍着关节剧烈的疼痛，拄着拐杖一颠一颠地干活；晚上，他在油灯下自学到深夜。1930年，他的论文在《科学》杂志上发表了，这篇论文震惊了清华大学数学系主任熊庆来教授。之后，清华大学聘请华罗庚当了助理员。在名家云集的清华园，华罗庚一边做助理员的工作，一边在数学系旁听，还用4年时间自学了英文、德文、法文，并发表了多篇论文。他25岁时，已是蜚声国际的青年学者了。

　　自强是比朋友、金钱以及各种外界的援助更为可靠的东西。它帮助华罗庚排除阻碍、战胜艰难，最终在学术界获得成功。其实每个平常的人，按理都是可以自强自立的，然而真能充分发挥其独立能力的却很少。依赖他人、追随他人，让他人去思考、去计划、去工作，这自然要比我们自己去努力便利得多，也舒适得多。以为事事都有他人替我们做，因此我们自己就可以不必努力了，这种想法是最有害的。能够发挥我们的力量、才能的，不是外援而是自立，不是依赖而是自强。

　　当我们能打消求助他人的念头，而完全变为自立、自强时，我们其实已踏上成功之路了。我们只有不借外力、自依自助，才能发挥出自己意想不到的力量。外界的助力，在当时看来似乎是一种幸福，但它最终是一种祸害，因为它会让我们产生依赖心理，阻止我们上进。依赖心理是一种消极的心理状态，它会影响我们个人独立人格的完善，制约我们的自主性和创造力。我们不能事事都依赖人，要知道，没有人可以让我们依赖一辈子，只有自立自强才能帮助我们走得更远。

消除依赖的方法：一是克服依赖习惯。分析一下自己的事情哪些是应当依靠他人的，哪些是应当由自己决定把握的，从而自觉减弱习惯性依赖心理，增强自己正确决策的能力。如自己决定有益的业余爱好，自己安排和制订学习计划等，由依赖转变为自主。二是增强自信心。有依赖心理的人缺乏自信，自我意识低下，这往往与童年时期的不良教育有关，如有的父母、长辈、朋友往往说"你真笨，什么也不会做""瞧你笨手笨脚的，让我来帮你做"等。对于这些话首先要有正确的心态，然后一条一条加以认知重构，逐渐培养和增强自信心。三是树立奋发自强精神。常言道：温室中长不出参天大树。当今社会是在开放竞争中求生存谋发展，因此要及时调整自己的心态，适应时代变革，打造自己健全的人格和良好的社会适应能力。要自觉地在艰苦的环境中磨炼自己，在激烈的竞争中摔打自己，勇敢地面对困难和挫折。四是培养独立的人格。每个人都需要别人的帮助，但是接受别人的帮助也必须发挥自己的主观能动性。很难设想，一个把自己的命运寄托在他人身上、时时事事靠别人指点才能过日子的人，会有什么大的作为。德国诗人歌德曾说过："谁若不能主宰自己，谁就永远是奴隶。"

自立自强的人能凭借个人的奋斗努力向上，永不懈怠，最后在事业上取得成功。我们要自强，遇到任何困难都不要屈服，要努力拼搏，挑战命运，走出困境。人不应总是依赖别人，否则就难以生存于世。

人性闪光点：

自立自强的人，是指从不依赖别人，而靠自己的能力生存于世的人。对于青少年来说，不仅要依靠自己的劳动自强不息，还要学会用自己的大脑去思考一切问题，靠自己的能力去生存，不要依赖别人。只有学会自立自强，才能立足于纷纭复杂的当代社会。

Part 4
意志薄弱：好妈妈要努力打造坚强的好孩子

本质分析

挫折感是指人们在从事有目的性的活动时，因某种障碍或干扰导致行为目标无法实现、个人需求不能满足时所产生的一种心理上的紧张状态和情绪反应。挫折在我们的一生中不可避免，每个人都会遇到挫折，只是大小不同而已。也就是说，做任何事情要想达成目的，都必须付出代价，而遇到挫折和失败是代价的一部分。遇到挫折或失败并不可怕，关键是如何对待挫折，切忌一遇到挫折就心灰意冷、一蹶不振。我们要培养自己坚强的意志力，让这股意志陪伴我们，给自己鼓劲，给自己一个坚持下去的理由。

实际表现

（1）对自己的外貌、仪表感到不满意，总觉得自己太胖或太瘦，太高或太矮。

（2）学习成绩达不到自己的目标，没有考上理想的学校，觉得自己能力不强，不够聪明。

（3）不知道如何与人交往，或者因自己无法进入同学的小团体而感到孤单、落寞。

（4）自己和同学的价值取向、态度观念不一致，从而产生争执和不被理解的苦恼。

（5）认为父母不了解自己，并无法与他们沟通。

（6）没有稳定的友谊，在群体中没有良好的人际关系，经常与别人发生冲突等。

（7）不能实现自己的目标，如在竞赛活动中失败。

别让挫折消磨孩子的心志

孩子成长的过程就是一个不断遇到困难和挫折的过程。所谓挫折感,就是预定的目标由于某种原因没能实现,内心因此失落从而产生的一系列消极的情绪体验。挫折对人的影响有正反两方面,其消极影响主要表现为:在生理上,经常会感到头晕、恶心、失眠、多梦、困倦、乏力等;在心理上,经常会烦躁、多虑、沮丧、抑郁、恐惧、淡漠等;在行为上,则表现出退缩、拘谨或是攻击、破坏等极端行为。这三方面的消极影响又会相互转化,消磨我们的心志。如果长期处于这种挫折情绪状态中,我们就会失去主动性和目的性,甚至会引发身心疾病。

那么,什么是挫折呢?我们又该如何面对挫折呢?

挫折与个人所定的成功标准有密切关系。比如,一个学者的愿望就是在学术上有所成就,多取得一些学术成果。如果他发表的论文比较少,他可能就会有挫折感,但他绝不会因为不会玩牌、不会炒菜而有挫折感。各人的抱负水平高低不一,所感受到的挫折程度也有区别。如有的同学对自己要求不高,考试只要能及格就可以了;但是有的同学考不到一百分就觉得没有考好,就会有挫折感。造成挫折感的原因主要有两方面:一方面是客观的,如他人有意的刁难、极其恶劣的气候等;另一方面是主观的,如个人的生理缺陷、智力水平较差以及内心产生动机冲突等。造成挫折感的一些主客观原因我们是无法控制的,但当因客观原因而导致失败和挫折时,千万不要怨天尤人,要敢于接受现

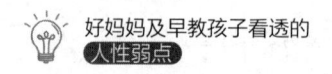

实，否则就会因深深的挫折感而丧失斗志。

有一位国际象棋高手，曾经两次获得全国冠军，但在第三次的冠军卫冕战中输掉了比赛。她当时很受打击，甚至怀疑自己的能力。在面对挫折时，她没有坚定自己的信心，而是一味地责怪自己。最终她没有被象棋打败，而是被自己内心深深的挫折感打败，从此退出了国际象棋界。

挫折感的类型有以下几种：

1.学业挫折感

学习是青少年的主要活动形式之一，在学习活动中产生的挫折感往往影响较深。长期处于学业挫折中，如达不到预期名次，不能考取理想分数等，极易使青少年丧失自信心，对学业放弃努力，产生学业无力感。这种信念一经形成就很难改变，会让他们丧失对学业的兴趣，并将精力转向其他不良活动，以使自己获得某种有力感，从而得到心理平衡。这也就是学习成绩差的学生往往同打架等违犯学校纪律的行为有关联的原因之一。

2.交往挫折感

交往是人获得归属与尊重需要的基本手段，也是一个人良好个性品质形成的重要途径之一。青少年更需要在交往过程中获得同伴群体的归属感，掌握交往技能，完成社会化过程。人际交往方式主要有三种：同伴交往、亲子交往、师生交往。其中同伴交往是主要内容，交往挫折也往往在这方面产生，主要表现为没有稳定的友谊，在群体中没有良好的人际关系，经常与别人发生冲突等。长期处于这种挫折体验中，就会变得自卑、孤独、猜疑，甚至形成嫉妒、自私等不良个性，而这些不良个性反过来又会使人际关系变得更糟，从而影响青少年成年后的交往活动。

3.自我价值实现过程中的挫折感

我们在集体活动中常常表现出实现自我价值的强烈需求，并通过自己某一方面的才能为集体带来荣誉而获得这种自我价值实现的体验。但在实际活动中，影响成功的因素很多，个体往往不能如愿以偿，如在竞赛活动中失败等。这时有的同学就会产生强烈的挫折感，而且若这种挫折感不能得到及时调整，就可能使其在以后的活动中表现出胆怯、缺乏自信、多虑等不良的性格特征，从而阻碍个体能力的发展及勇于进取等良好个性品质的形成。

4.由于家庭、学校等原因产生的挫折感

我们在心理上还不成熟，很容易受外界的某些原因影响而产生挫折感。家庭经济状况、家庭成员的不良行为、家庭中意外事件的发生都会使我们产生挫折感。另外，学校的级别、地理位置、社会声望、教师的水平等也会使我们产生挫折感，这也就是所谓的"校牌效应"。

虽然挫折会消磨我们的心志，但不可否认的是，挫折也有利于我们的成长。我们每经历一次挫折，都会从中获得经验和教训，心理上抵御挫折的能力和意志也会增强。我们一生中会经历无数次的挫折或失败，却也是在一次次的挫折中成长起来，逐渐变得坚强，所以千万不要惧怕挫折，而要勇敢地去面对它。

挫折只不过是湖中的一丝波纹，只要你坚持下去，它总会消失。

——孙世贤

测一测：你的抗挫折能力是强还是弱？

1.在过去的一年中，你自认为遭受挫折的次数是：

A.0～2次　　　　　　B.3～4次　　　　　　C.5次以上

2.你每次遇到挫折：

A.大部分自己都能解决

B.有一部分自己能解决

C.大部分自己都解决不了

3.你对自己的才华和能力：

A.十分自信　　　　　B.比较自信　　　　　C.不太自信

4.你遇到问题时经常采用的方法是：

A.迎难而上　　　　　B.找人帮助　　　　　C.放弃目标

5.当令你担心的事发生时，你会：

A.无法工作　　　　　B.工作照样不误　　　C.介于A、B之间

6.碰到讨厌的对手时，你会：

A.无法应对　　　　　B.应对自如　　　　　C.介于A、B之间

7.面临失败时，你会：

A.破罐破摔　　　　　B.转败为胜　　　　　C.介于A、B之间

8.工作进展不快时，你会：

A.焦躁万分　　　　　B.冷静地想办法　　　C.介于A、B之间

9.碰到难题时，你会：

A.失去自信　　　　　B.为解决问题而动脑筋　C.介于A、B之间

10.工作中感到疲劳时，你会：

A.总是想着疲劳，脑子都不好使了

B.休息一段时间，就忘了疲劳

C.介于A、B之间

11.工作条件恶劣时，你会：

A.无法工作　　　　　B.能克服困难干好工作　　C.介于A、B之间

12.产生自卑感时，你会：

A.不想再工作　　　　B.立即振奋精神去工作　　C.介于A、B之间

13.上级给了你很难完成的任务时，你会：

A.顶回去了事　　　　B.千方百计干好　　　　　C.介于A、B之间

14.困难落到自己头上时，你会：

A.厌恶至极　　　　　B.认为是种锻炼　　　　　C.介于A、B之间

评分标准：

1～4题，选择A、B、C分别得2、1、0分。

5～14题，选择A、B、C分别得0、2、1分。

测试结果：

19分以上：说明你的抗挫折能力很强。

9～18分：说明你虽有一定的抗挫折能力，但对某些挫折的抵抗力薄弱。

8分及以下：说明你的抗挫折能力很弱。

测一测：你的挫折感和自卑感在何处？

当你打开自家的大门正要外出散步时，突然撞到某人而使自己跌倒，你认为对方会是怎样的人呢？

A.邻居小姐

B.送报先生

C.工地上的工人

D.附近某个固执的老头

E.很潮流的人

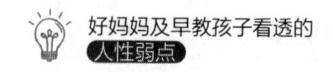

测试结果：

选A：表示你在和年轻女性的交往中常会感到力不从心。换句话说，就是在和异性交往过程中会产生挫折感。

选B：报纸刊载的是最新的情报、资讯，选择这个答案，表示在课业或知识领域里有着某种程度的挫折感。在意识中，你也许是个不愿用功的学生或不积极吸收新知识的上班族。

选C：表示你在意识中觉得自己的体力不如人。

选D：表示你是一个反权威和反道德的人，在道德感上一直承受压力。

选E：表示你是一个在身体或心理上已渐入中年者，且有跟不上潮流的挫折感。

测一测：你怎样面对挫折？

假如你生病，要躺在床上休息，你认为你睡醒后睁开眼的那一刻，外面的天气会是怎样的？

A.没有云的大晴天

B.满天的云，但没有下雨

C.狂风暴雨

D.龙卷风

测试结果：

A.鸵鸟政策

一遇到伤心事，你首先想做的就是暂时逃避。你无法在第一时间反应过来，喝少量酒或逛街是你会采用的缓解伤心的方法。

B.内心坚强

你是一个很重感情的人，你会选择躲到没有人认识你的地方疗伤，回去后却能有效地解决难题,你只视困难为磨炼。

C.钻牛角尖

你是那种除非自己想通,否则别人再怎么说也不听的人。你只会拒绝跟别人沟通,宁愿孤立自己。

D.强装坚强

虽然你也想以无事来掩饰自己的伤口,希望忘记痛苦,但一不小心碰到伤口,伤痛就会一触即发!

告诉孩子坚强是一种力量

有些人缺乏承受挫折的能力，每当遇到一点不如意或困难，就会沮丧、颓废，甚至失去对生活的信心，从而彻底被挫折打败。这时唯一能帮助我们的就是自己变得坚强起来，坚强地面对一切，做到即便遭遇灾难也能不动声色，坦然面对。因此，坚强能产生强大的力量，帮助我们战胜挫折。

欧洲有位著名的女高音歌唱家，30岁便已享誉全球，而且拥有美满的家庭。有一年，她去邻国开个人演唱会，而这场演唱会的门票早在一年前就已经被抢购一空。

演出结束后，歌唱家和她的丈夫、儿子刚从剧场里走出来，堵在门口的歌迷便一下子全涌了上来，将他们团团围住。每个人都热烈地呼喊着歌唱家的名字，其中不乏赞美与羡慕的言语。

有人恭维歌唱家大学刚毕业就走红了，而且年纪轻轻便进入国际级的歌剧院，成为剧院里最重要的角色；有人恭维歌唱家25岁时就被评为世界十大女高音歌唱家之一；还有人恭维歌唱家有个腰缠万贯的大公司老板做丈夫，而且生了一个活泼可爱的小男孩……当人们议论纷纷的时候，歌唱家只是安静地聆听，没有任何回应。

直到人们安静下来后，她才缓缓地开口说："首先，我要谢谢大家对我和我家人的赞美，我很开心能够与你们分享我的快乐。只是，我必须坦白地告诉大家，其实你们只看到我们风光的一面，我们还有一些不为人知的事情。那就是，你们所夸奖的这个满脸笑容的男孩，很不幸他是个哑巴。此外，他还有一个姐姐，是个需要长年被关在铁窗里的精神分裂症患者。"

上帝给谁的都不会太多，每个人来到这个世界上都不会一帆风顺，但是高情商的人经得起任何风吹雨打，他们不但不会轻易被灾难击倒，而且还有勇气和力量摘下成功的桂冠。

我们的一生中随时可能会碰到困难或挫折，甚至还会遭受致命的打击。而这时候，坚强的心态是铸造幸福的基石，我们要学会坚强地面对挫折。

有一个来自石家庄的女孩，尽管残疾，但她身上所拥有的自信同样让她光彩照人。为了成为一名职业歌手，她坐着轮椅来到北京打拼。在任何一座大城市里，一个健全人的成功都是很艰辛的，更何况一个残疾人。

刚来北京时，她不得不在地铁站里唱歌以维持生计，她那嘹亮而高亢的歌声听起来就像是对命运的宣战。后来，她的坚强不屈被一位电视台的主持人发现，于是她被请去录制节目。节目播出后，很快就有公司找她签约，她终于看到了希望的曙光。那一刻，坚强的她流下了幸福的眼泪……

完美的生活是每个人都渴望得到的，然而我们所生活的世界却注定不完美。有善良的天使，也有可怕的魔鬼；有成功的喜悦，也有失败的痛苦；有鲜花与掌声，也有失败与挫折。但是只要我们用自己的智慧和汗水去拥抱生活，用坚强的毅力去坦然面对挫折，成功之门总有一天会向我们敞开。

"二战"期间，一位名叫伊丽莎白·康黎的女士在庆祝盟军获胜的那一天收到了国际部的一份电报，她的侄儿——她最爱的一个人牺牲在了战场上。她无法接受这个事实，她决定放弃工作，远离家乡，把自己永远藏在孤独和眼泪中。

正当她清理东西准备辞职的时候，忽然发现一封早年的信，那是侄儿在她母亲去世时写给她的。信上这样写道："我知道你会撑过去。我永远不会忘记你曾教导我：不论在哪里，都要勇敢地面对生活。我永远记得你的微笑，像男子汉那样，能够承受一切的微笑。"她把这封信读了一遍又一遍，似乎侄儿就在她身边用一双炽热的眼睛望着她：你为什么不照你教导我的那样去做？

康黎打消了辞职的念头，一再对自己说："我应该把悲痛藏在微笑后面，继续生活。因为事情已经这样了，我没有能力改变它，但我有能力继续生活下去。"

坚强是一种品质，我们只有像磐石一般坚硬，才能经得起风雨的打磨。坚强也是一把"双刃剑"，多则盈，少则亏。少了坚强做伴的人，或是唯唯诺诺，没有自我；或是哀哀怨怨，陷在一件可大可小的事里，挣扎在一段越理越乱的感情里不能自拔。总而言之，我们要想活得有自我，能够战胜挫折，坚强的心态是第一要素。

其实挫折对我们的成长来说，既是一种挑战，也是一种机遇，这要看我们如何对待它。首先我们应该清楚的是每个人由于自己能力、客观条件的限制，做任何事情不可能总是成功的，挫折的确在所难免。因此，当我们遇到挫折的时候，不要怨天尤人，也不要自怜自惜，认为自己一无是处，更不要一遇到挫折就垂头丧气，一蹶不振。这种做法只会使自己成为永远的失败者。既然挫折在所难免，那么当我们遇到挫折的时候，一定要冷静、要坚强。更重要的是要学会认识自己，也就是要分析失败的原因，找到失败的原因之后就要考虑下一步怎么办，然后重整旗鼓，为下一次挑战做准备。比如，当考试没考好时，不要只纠结于分数，关键要分析是什么原因导致这次考试失败。如果是因为自己没有用功，没做充分的准备而没考好，那下一次考试前，做好充分准备就是了；如果自己尽了最大的努力，但还是有不会做的题，还是没考好，这时候也不要只是一味地否定自己，特别是不要用"我真笨"这几个字来否定自己，因为这三个字对自己的自信心无疑是一个致命的打击。一个人永远不要自己打击自己。这次不会的题，通过问同学或老师，弄懂了就是收获。我们是学生，总会有不懂的问题，而且即使再有学问的人，也会有不知道的东西。要记住：凡事尽力皆无悔！

我们已经清楚了，面对挫折时重要的是应该分析失败的原因，以便日后面对新的挑战和困难。但是我们也知道，一个人如果总是遇到失败和挫折，这无疑对他的自信心是一个沉重的打击。那么这就需要我们在平时有意识地提高自己的能力，尽可能地挖掘自己的潜能，这样就可以为自己的成功打下良好的基础。而每一次成功的体验，不管大小，都会增强信心，这样我们就会去尝试更具挑战性的事情，在激烈的竞争中和困难的情况下，锻炼和提高自己的能力，形成一个良性循环。而成功的体验和较强的能力使我们在面对挫折时不至于不知所措、灰心丧气，而失去希望和进行努力尝试的信心。

每个人对挫折的耐受力是不同的，即个体经受打击或挫折的能力各有所异。对挫折的耐受力可以通过学习和锻炼获得。阅历丰富的人面对挫折时往往能够从容应变，而生活阅历浅的人应对挫折的能力则较差。面对挫折我们不妨采用以下几种方式：

（1）要认识挫折是现实生活中的必然现象，是难以避免的。挫折是个人人格发展不可缺少的。有了这样的认知，就等于有了面对挫折的心理准备。当挫折发生后，我们就能积极地面对它。

（2）通过重新努力来达到原来的目标。爱迪生发明灯泡不也经过了上千次的失败吗？

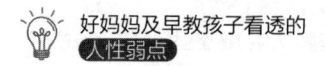

（3）当一种方法受到客观自然因素或社会道德规范的限制而阻碍了目标的实现时，我们不妨寻求另外可行的、社会规范所允许的方法去实现目标。这是一种变通。

当一个目标不能实现或遭遇失败，可考虑用另一种相似的目标代替原来的目标，以抵消因挫折产生的紧张与情绪反应。例如高考失败后可以边找工作边学习，通过自修、函授、职业大学等来实现自己学习知识、掌握技能、提高个人素质、充实生活的需要。

然而，最重要的是我们要在挫折中保持一种良好的精神状态，在坚强不屈的精神状态下健康成长。

人性闪光点：

坚强是一种品质，我们只有像磐石一般坚硬，才能经得起风雨的打磨。坚强也是一把"双刃剑"，多则盈，少则亏。总而言之，我们要活得有自我，能够战胜挫折，而坚强的心态是第一要素。

Part 5
三心二意：孩子的注意力要尽早培养

本质分析

　　三心二意是一种注意力不集中的状态。处于这种状态中的孩子总是缺乏思想集中力，他们行为冲动，没有耐性，做事没有明确的目的性，克制力很差。有时做事不考虑后果，对一件事情不能完成容易灰心丧气，因此很容易转换目标。每件事要想成功都需要十足的努力去完成，而三心二意会让人轻易地放弃之前的努力，因此成功就变得很遥远。

实际表现

（1）集中注意力时间短，做事不专心，容易受到别人的干扰。

（2）一件小事也会反应强烈，情绪激动，并且好长时间都平静不下来。

（3）做任何事都很慢，比别人要花费更多的时间。

（4）做事很容易分心，外界有任何风吹草动都要去关注。

（5）做事不注意细节，常常出现粗心大意造成的错误。

（6）做事难以持久，易受干扰，一件事没做完就去干别的事。

（7）与人说话时，常心不在焉，似听非听。

（8）常常很难安排好自己的日常学习和生活。

（9）常常逃避需要用脑的事情，遇事易冲动、发脾气。

三心二意是每个孩子都必须克服的性格弱点

有这样一则寓言故事：

有一个农夫一早起来，告诉妻子说要去耕田，当他走到田里时，却发现耕种机没有油了；原本打算立刻要去加油的，突然想到家里的三四头猪还没有喂，于是转回家去；经过仓库时，望见旁边有几个马铃薯，他想起马铃薯可能正在发芽，于是又走到马铃薯田去；路途中经过木材堆，又记起家中需要一些柴火；正当要去取柴的时候，看见了一只生病的鸡躺在地上……这样来来回回跑了几趟，这个农夫从早上一直忙到夕阳西下，油也没有加，猪也没有喂，田也没耕，最后什么事也没有做好。

相信现实的生活里，有很多人跟故事中的农夫一样没有定性，常常很难把一件重要的事完成。这是因为作为执行者，他没有定力，没有为完成一个任务下定决心，而是三心二意，最终一事无成。

忙忙碌碌是一种病，病根就在于三心二意。现在的青少年都有故事中农夫的问题。每件事都想做，但做每件事都三心二意，所以每件事都做不好，最终落得个一事无成的下场。

有些孩子做事三心二意大多是因为他们希望能尽快达到自己的目标，在做事时只重视结果，不重视过程。乌龟能够长寿是因为它常年修炼所得；兔子怎耐得住如此寂寞，因此只好寻找捷径，力争速成。鲲鹏扶摇而上者九万里，本是一生

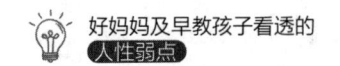

拼搏而来；燕雀怎经得起如此困苦，不得不找寻秘方，伤筋动骨，以求速成。老鼠吃着残菜，躲在暗处，见人就跑，其机灵本于九死一生中得来；大象怎受得起如此委屈，只好强行瘦身，以求速成。而速成只是一种偷工减料的努力，这样势必难以获得完全的成功，反而会让孩子受到更大的打击。

有的孩子常把自己的思绪搞得一团乱，在这种混乱的生活状态中，他们的内心渐渐失去平衡，变得没有条理，生活目标也跟着盲目起来。他们的思维混乱，不知道该先做什么好，于是开始盲目地做事。人的精力是有限的，最好能选定一个方向，然后一心一意地去做好这件事。若是三心二意，什么都想去做，最后却什么都没有做好，那么到头来只能是一事无成，浪费自己的大好年华。

人之才，成于专而毁于杂。

——王安石

测一测：你是个三心二意的人吗?

1.因为心情不好，你常常会耽误一些事情。

2.有时候你害怕失败，所以做事情就三心二意。

3.没有十足的把握你不愿意开始做某件事情。

4.做事三心二意的时候你并不会感到十分内疚。

5.你常常感到自己没有完成什么有价值的事情，这是因为你对自己要求太严了。

6.你常常会说自己马上去做某事，但是并没有行动起来。

7.你常常很勉强地去做一些自己实际上不想做的事情。

8.做事情拖拖拉拉。

9.你总觉得好像有很多事情要做，但又不知道如何开头。

10.你常常会下决心做某件事情，但过后又没有去做。

11.在假期开始的时候，你总是想作业只需用最后半天就可以写完，所以不用马上开始。

12.你常常是一边吃饭一边看电视。

13.你常常感到浑身无力，想睡觉。

14.你习惯于上厕所时看书看报。

15.你常常不能坚持自己的意见，哪怕是正确的，如果有人不停地反对，你还是会放弃。

16.你经常晚交作业。

17.长跑练习时，你常常会中途退出，不能坚持到终点。

18.你早上总喜欢赖赖床，不想早起。

19.只要碰到挫折，你就会放弃正在努力去实现的愿望。

20.你经常上课迟到。

21.每次外出时，你都算准时间出发，宁愿稍微迟一点也不想早出门。

22.你给自己定的学习计划常常不能如期完成。

评分标准：

回答"是"得1分，回答"否"得0分。

测试结果：

0~8分：做事比较积极，不会三心二意

因为你已经习惯了对自己严格要求，或者对自己的能力比较自信，所以做事的主动性比较强，也很专心，不会三心二意。

9~16分：有时做事会没有主心骨，会三心二意

这对于你的学习、生活是不利的。当日常生活中出现三心二意的情况

时，必须要注意并加以改善。

17~22分：做事经常三心二意

你处于一种松散无规律的生活状态中，因此做事总会三心二意。久而久之，很可能会带来抑郁的问题。一旦你养成了这种生活习惯，就很难改正。比较常用的改正方法就是制订计划，完成计划，养成一心一意做一件事，做事不半途而废的习惯。

尽早培养孩子专心这一品质

如果一天中有充裕的时间，有些人愿意为了高效率而去做好几件事情。可是如果同时去做两件事情的话，即使用一年的时间，这些人也不会取得令人称道的成绩。因为三心二意地做事是不会成功的，只有一心一意才是通往成功的捷径。

在非洲的拉马河畔，肥嫩的青草地一望无际，草丛中的一群群羚羊正在那儿欢快觅食。突然，一只非洲豹向羊群扑去，羚羊受到惊吓，开始拼命地四散奔逃。非洲豹盯着一只未成年的羚羊穷追不舍。在追和逃的过程中，非洲豹超过了一只又一只站在旁边惊恐观望的羚羊，但它只是一个劲地向那只未成年的羚羊追去。

在追赶的过程中，非洲豹为什么不放弃先前那只羚羊而改追其他离它更近的羚羊呢？因为非洲豹已经跑累了，但其他的羚羊并没有跑累。如果在追赶途中改变目标，其他的羚羊一旦起跑，转瞬就会把疲惫不堪的非洲豹甩到身后，因此非洲豹始终专注于已经被自己追赶累了的羚羊。

一心一意地专注自己的事情，是每个人取得成功不可或缺的品质。当你能够一心一意去做每一件事时，成功就会向你招手。然而许多孩子做事总喜欢三心二意，比如喜欢一边吃饭一边看电视，一边学习一边听音乐等。这些都不是好习惯，孩子若不能专心致志地做事，就可能会因为注意力不集中而失败。所以，盯住目标，一心一意地做好眼前的事，成功就会在你猛一抬头间出现。

学会一心一意、专心致志地做事情，能帮助孩子养成良好的学习习惯。有人做过这样的实验：一个学生一心一意地去背课文，只需要读9遍就能达到背诵的程度；而同样难度的课文，他在三心二意的状态下，竟然要读100遍才能记住。学会一心一意做事，既能提高做事的效率，也能提高记忆的能力，对于促进孩子的发展是大有帮助的。但这需要孩子从身边小事做起，从现在做起。

"鬼斧神工"一词出自《庄子·达生》。说的是有一个叫梓庆的人很善于做一种叫夹钟的乐器，当时山东的县令问他为什么夹钟做得这么好，梓庆回答："我准备做夹钟时，前三天就会静下心来，不再想庆贺、赏赐的事情；紧接着五天，不再想非议、毁誉；再接着七天，就要做到不为外物所动，甚至忘记自己的身体和四肢，这个时候满脑子就只有夹钟了，不会想是为朝廷做还是为哪一个有钱人做，没有任何顾虑和杂念，除了夹钟还是夹钟。然后我一个人到深山老林去转悠，找做夹钟的材料，这个时候心里想的是夹钟，眼里也全是夹钟，一看到好的材料就像鬼神送来的一样。我这是用自然去配合自然，做出的夹钟自然就像鬼斧神工一样。其实也没有什么诀窍，只是做夹钟的时候一心一意而已。"

我们如果能够像梓庆做夹钟一样，在做事的时候，除了正在做的这件事，别的什么事情都不要想，一心一意地去做一件事，将其他杂念驱逐出脑外，那么就没有什么事做不成功的。如果一个人无法将所要关注的对象集中于心上，或者无法将不必集中的对象驱逐出脑外，那这样的人做任何事都将一无所获。

有位青年人非常刻苦，可事业上却没什么起色。他找到昆虫学家法布尔说："我不知疲倦地把自己的全部精力都花在了事业上，结果却收获很少。"

法布尔同情又赞许地说："看来你是一个献身于科学的有志青年。"

这位青年说："是啊，我爱文学，我也爱科学，同时对音乐和美术的兴趣也很浓，为此，我把全部时间都用上了。"

这时，法布尔微笑着从口袋里掏出一块凸透镜，做了一个小实验：当凸透镜将太阳光集中在纸上一个点的时候，很快就将这张纸点燃了。

接着，法布尔对青年说："把你的精力集中到一个点上试试看，就像这块凸透镜一样！"

很多人都有故事中青年的类似经历，忙碌了一整天，临睡前回想起来，却一件事情也没有完成。这样的人即使读书两三个小时，所看到的也只是文字的表面而已，根本没有读到脑子里，这就是三心二意的结果。

不论做什么事情，我们都必须拼尽全力地去做，如果半途而废，倒不如不做。一旦我们决定去做某一件事情，就要一心一意地去做这件事，并且要做好这件事。

☞ 人性闪光点：

一个人的精力和才智是极其有限的，三心二意的人，终将一事无成。青少年朋友要让自己的思想和行动都朝着一个目标努力，尽管有时会被一些纠缠不清、难以下手的问题搅得心烦意乱，但是经过不懈的努力，最终一定会排除障碍。当你到达目的地的时候，回头看一看自己走过的路，你会发现，只有一心一意才是通往成功的途径。

Part 6
畏惧压力：帮助孩子正视压力并激发其动力

本质分析

什么是压力呢？从心理学角度看，压力是外部事件引发的一种内心体验。这种体验往往伴随负面的情绪，如害怕、烦躁、生气、悲伤等。现代的青少年虽然拥有优越的生活条件，却忍受着巨大的压力。

实际表现

（1）注意力分散，注意范围缩小。

（2）日常表现和学习能力降低，发生错误的次数增加。

（3）遇见问题马上将责任转嫁于他人。

（4）只解决短期和表面问题，不愿做深入和与己无关的事情。

（5）为了逃避压力，饮食过度，导致肥胖。

（6）没胃口，体重迅速下降。

（7）冒险行为增多，爱发脾气，伴有焦虑、紧张、迷惑、急躁等表现。

（8）自信心不足，出现悲观、失望和无助的心理。

（9）不愿与人交流，总是感到孤独和被疏远。

压力过大，青少年容易失去信心

随着社会环境的急剧变化，社会竞争观念的增强，如今孩子们的学习生活大不一样。书包里的课本越来越厚，但本该丰富的课外书却越来越少；节假日越来越多，但属于自己的自由时光却越来越少；各种考试比肩接踵，但生活能力却越来越低；使用的沟通工具越来越先进，但与父母的交流却越来越少；物质生活越来越丰富，但快乐却相对越来越少。如今，生活质量也许不是他们最关心的话题，而烦、累、不爽、郁闷、不快乐等负面的词语会成为他们的口头禅。这些都跟一个词语有关——压力。

什么是压力呢？简单地讲，就是指人主观体验的身心感受和评价。这种感觉往往伴随负面的情绪体验，如害怕、烦躁、生气、悲伤等。现代的青少年，拥有更加优越的学习条件、生活环境和物质享受，却忍受着巨大的压力，他们常常郁郁寡欢，忧愁远多于开心。用一句话概括这种现实就是：现代青少年被压力困扰，困苦不堪，各种压力让他们失去信心。

现今社会竞争对人才素质的要求越来越高，为了将来能有一份好工作，无数家长督促自己的孩子好好学习。来自社会、家长、学校的诸多压力，让青少年备受煎熬。

最近，高三的一名学生小丘引起了班主任老师的注意。小丘平时上课认真听讲，作业也能够按时完成，但这学期他的学习成绩却明显下降，上学期还是全年级四五十名，而这学期却下滑至百名。经过仔细观察，班主任老师发现：每当考卷发到小丘手里时，他的脸就会慢慢地红起来，额头上也会渗出粒粒汗珠，拿笔的手也随之微微颤抖。做题时，他一会儿从头做起，一会儿又做最后一题，显得心神不宁、焦虑不安。在这种情绪状态下考试，他的成绩可想而知。

考试是每一个在校学生必然要经历的事，每年中考、高考都会有学生因为承受不了巨大的压力而发生意外，严重者甚至会选择轻生。因为太在乎成功的结果，于是在学习、应试的过程中，"不能输"的压力如恶魔缠身，笼罩着青少年的身心，让他们对自己失去了信心，不能轻松地去应对考试。

除了来自学业上的压力，人际生活的压力也是一副沉重的枷锁，让青少年朋友喘不过气来。如今初涉学校的青少年，大多数人自我感觉良好，在家里他们都被视为"皇帝""公主"，因此到了学校这个"小社会"中也想成为人群中的焦点，但事实却并不能让他们满意。同学间的人际冲突与摩擦，也成为不少青少年的负担和压力。

由于压力，青少年容易在陌生人、师长面前产生紧张情绪。其实害怕与陌生人打交道是人的本性，是每个人内心都具有的一种正常反应。到了青少年时期，人的自我意识水平迅速提高，开始关注自己的表现。他们希望能给对方留下一个好印象，同时也十分在乎对方对自己的评价。在这种压力下，不安、焦虑便在所难免。

张明从小就生活在一个家教很严的家庭，因为父母不喜欢小孩在院子里打打闹闹，把衣服弄得脏兮兮的样子，所以就不愿让张明与小伙伴们一起快乐地玩耍。上学以后，父母怕他学坏，便很少让他与别的同学来往，在这种家教熏陶下，张明十分在意自己的行为。

上了高中以后，张明开始感到很不自在。有时家里来了客人，父母让他见见客人，他也就低着头说一句"叔叔好"或"阿姨好"，然后就回到自己的房间不再出来。有时向陌生人问路，他也会脸红、心慌，犹豫半天才上去问话。平时遇到老师或异性同学，不得不和他们说话时，他也总是紧张得不得了，严重时说话结结巴巴，全身直冒汗。随着社交圈子的扩大，这个毛病也越来越明显。而且，张明越是想改掉见人就脸红的问题，问题就越是严重，这让他痛苦不堪。

张明之所以在外人面前表现得那么失常，都是因为内心的压力所致。他十分在乎别人对自己的印象，总觉得别人都在关注他，其实他完全没有必要这么担心。青少年朋友在与别人交流时，最重要的是把自己要表达的内容说清楚，至于别人对自己的看法暂且抛到一边，不要为自己的一言一行是否得体而担忧。若过分在乎别人的眼光，就会像张明一样，因压力过大而无法正常与人交往，这是得不偿失的。

适当的压力对青少年是一种促进，但是过大的压力却会产生负面的效应。压力可能源于外界，也可能是自己给自己定了很高的目标，逼自己把每件事都做好，这样往往会超过自己的承受负荷。其实每个人的能力都是有限的，有你做得到的，也有你做不到的，你首先要试着接受这一点。对自己要求过高，只会让你在完不成任务时更加沮丧，压力倍增。

人的生命是短暂的，在短暂而有限的生命当中享受更多的幸福快乐，才是人生最重要的事情。而这一切都有一个共同的基础，那就是拥有一颗自在放松的心。如果我们每天都处于紧张烦恼当中，幸福与快乐就会远离我们。

科学家曾做过这样一个实验：

在一个用厚玻璃罩住的笼子里放一只老鼠，然后提供最好的鼠粮与玩具。这只老鼠当然生活得开心。但有一天科学家在笼子外放了一只猫,虽然无论如何这只猫都不能打开笼子而伤害到老鼠,只能从外面看,抓抓笼子而已,但从此以后老鼠却十分害怕,整天不吃东西,也不敢再去玩耍。没过多久,老鼠的体重便下降了,最后竟在这种压力下衰竭而死。

如果我们不能用积极的态度来面对压力,化解压力,最终就会被越来越沉重的压力压垮,从而对自己失去信心。到那时,我们就再也感受不到生活的美好,每天只会生活在无尽的懊恼与悔恨中,相信这种生活不是青少年朋友想要的。

有压力才会有动力,有动力才能进步。

——雷锋

测一测:你的压力亮红灯了吗?

1.你感觉与朋友和家庭在疏远,或在人群中感到孤独。

2.你突然感到害羞,或在人群中有一种暴露感,或总觉得别人在议论自己。

3.你很难回忆起最近的谈话或诺言,经常感到困惑,理解力和记忆力明显下降。

4.你不愿接电话,对其他人失去兴趣,也不愿意接受他们的关心。

5.尽管你经常感到疲倦,入睡却非常困难或经常早醒。

6.你很容易流泪,情绪变幻不定,时而高兴,时而沮丧。

7.你可能几分钟也坐不住,经常摆弄手指或者腿脚经常无意识抖动。

8.你会因微不足道的原因放弃做某件事。

9.逃避生活,尽管你会表现为漫不经心。

10.你不由自主地过度饮食、抽烟或买衣服,日常生活变得千篇一律,很难提起新兴趣。

11.你不再对食物感兴趣，要么不吃不喝，要么暴饮暴食。

12.安静可能使你不安，所以你与他人在一起时总会喋喋不休。一个人在家有时会打开收音机或电视，对噪声也同样难以忍受。

13.害怕形象变坏，你会过度关注容颜和体重变化，有时会强迫自己运动和减肥，或者频繁美容、染发等。

测试结果：

如果以上症状有3~5项同时出现，并持续3个月以上，说明压力已经对你的心理和生理方面造成了伤害，并已经出现了一定程度的抑郁倾向。建议注意调整和休息，并且需要将你的这些情况告诉你的亲人或朋友以便得到支持，必要时可求助心理医生。

如果你有1、2、4、12题中所描述的症状，说明你在人际关系方面压力过大，并已经出现焦虑的表现，你对别人似乎缺乏信任，自己心里也缺乏应有的归属感。不妨多跟家人和朋友坐下来聊一聊，找个信赖的人将心里的不安一吐为快。比你年长的人拥有更多的社会经历，听听他们的意见能有效缓解你的烦恼。敞开心扉并且多关心体谅别人，会帮你赢得好人缘。如果有条件，建议去做一些室外运动如打球或旅游。

如果你有3、5、6、9题中描述的症状，说明你最近实在太累了，事情堆积如山，似乎永无止境。如果觉得身体已经出现不适，一定要及时去医院检查。要知道不会休息的人就不会工作，将手边的事情暂时放一放，静静地坐一下午，听听音乐、看看自己喜欢的电影，或者进行轻松而愉快的旅行，这些都会使你轻松不少。

如果你有7、8、10、11、13题中所描述的症状，则意味着你在忙碌的生活中封闭了自己，生活的不完美让你有时变得自卑。要解除乏味的感觉，最好的

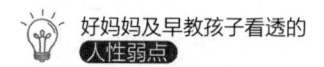

方法就是在闲暇之余找一件能吸引自己的事来做，或者加入某个社会团队参加各种活动。培养某种兴趣爱好会让你发现生活的美，并会让你感觉到归属感和充实感，然后从中找回自信和快乐。

测一测：你的压力来自何处？

下面哪件东西是你一定要带出门的，不然一天下来你都会觉得很不方便、不习惯或者没有安全感，总觉得少了什么东西似的？

A.手表　B.手机　C.护身符　D.面纸

测试结果：

选择A：你的压力来源于自己。你常常会将自己摆在社会价值的天平上衡量，也时常不由自主地将自己和朋友做一番比较。不管在学习还是生活上，你都是以严谨的态度去对待，这会让你喘不过气的。

选择B：你的压力来源于朋友。由于你是个重视人际关系互动的人，因此应接不暇的应酬让你躲也躲不过，而人缘好有时也是一种包袱，所谓"人在江湖身不由己"大概是你最常挂在嘴边的话吧！

选择C：你的压力来源于学习。好胜心强的你对于学习是相当投入的，当然师长对你的期待更比一般人要高得多，所以在这样被看好的情况下，你多少是会有压力的。

选择D：你的压力来源于家庭。在你的个性中隐藏着完美主义，对于从小生长的家庭更有一种依赖与期待，所以家庭能给你足够的力量。但相对而言，家庭也可能会带给你不小的压力。

测一测：你会怎样缓解压力？

1.你是否常常觉得心情很烦闷？

A.经常　　　　　B.普通　　　　　C.偶尔

2.你是否会自言自语?

A.经常　　　　　　B.偶尔　　　　　　C.不太会

3.心情不好的时候,你会骑车到外面透透气吗?

A.几乎不会　　　　B.偶尔会　　　　　C.会

4.你是否曾有过自杀的念头?

A.经常　　　　　　B.偶尔　　　　　　C.不会

5.你是否觉得电视上的综艺节目越来越无聊?

A.都很无聊　　　　B.有些无聊　　　　C.都很有趣

6.即使到了度假胜地,你是否依旧没有很开心的感觉?

A.几乎开心不起来

B.还好,有时会很开心

C.不会

7.你有没有让你想起来就很气愤的人?

A.超过5个　　　　B.3~5个　　　　　C. 3个以内

8.你是否觉得自己常常很慵懒、身体虚弱无力,可是到医院又检查不出毛病?

A.常常会这样

B.有时会比较没干劲

C.不太会,常常充满活力

9.路上遇到横冲直撞、不守交通规则的驾驶人,你会有怎样的反应?

A.这种人早晚得出事

B.为什么我这么倒霉

C.太堵了,下次不开车出门了

10.你是否觉得每天做同样的事（如上班、上课）是一件很烦人的事？

A.实在很烦，有点不想干

B.和计划冲突时才会觉得烦

C.不太会，一样能找到乐趣

11.你最讨厌以下哪种类型的人？

A.个性自私自利、小气抠门的人

B.总是固执己见、不知变通的人

C.喜欢夸大其词、一事无成的人

12.你觉得自己是不是很容易陷入感情或友情的困扰？

A.很容易，常常会这样

B.偶尔会，感情还不错

C.不太会，感情都很好

评分标准：

回答"A"得5分；回答"B"得3分；回答"C"得1分。

测试结果：

不到20分：压力指数30%

你的思考颇积极、正面，所以就算是生气也会马上就反应、发泄出来，不会在心底放太久。所以，你的压力排解管道顺畅，也不容易累积负面情绪。有压力时，听听轻快的音乐，很快就能恢复你爽朗的一面。

20~30分：压力指数50%

你本身较为理性、理智，所以遇到个性拙劣、蛮横不讲理的人或事，会难以忍受，甚至心情也受到很大的影响。无法完成的任务也会使你郁闷。通常只要换个环境，如去郊游、购物，情绪自然而然就会平静下来。

30~40分：压力指数70%

你较保守含蓄，也不喜欢得罪人，遇到不满或不爽的事情通常都是忍下来，泪水往肚里吞。也没有适当的发泄渠道，久而久之累积在心里的压力，便很容易压得你做什么都觉得很不顺。做点行为上的改变，如爬山、健身，或是洗桑拿，都是很不错的改善方法。

超过40分：压力指数85%以上

你很敏感，也很容易紧张。你在意他人对你的看法，常常为了迎合他人强迫自己做一些不喜欢做的事。长此以往，很容易给自己带来莫大的压力，要尽快寻求心理医生来为你排除、解决。

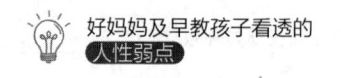

让孩子正视压力，明白压力也是动力

人生在世，本来就会面临各种各样的压力，当我们学会调整自己时，就会发现，压力反而是一种动力，只要按部就班，它就会不断推动着我们前进。有的人经受不住压力的折磨，在困境中选择了放弃，任压力不断地削弱自己的信心，并怀疑自身的价值。然而无论压力给了我们什么样的磨难，我们都不能让它压弯我们的脊梁，我们要把压力变成自身成长的动力，我们要做压力的主人。

"二战"时期，查理肩负着沉重的任务，每天都要花很长的时间在收发室里，努力整理在战争中死伤和失踪者的最新纪录。

源源不绝的情报接踵而来，收发室的人员必须分秒必争地处理，一丁点的小错误都可能会造成难以弥补的后果。查理的心始终悬在半空中，总是小心翼翼地避免出任何差错。

在压力和疲劳的袭击下，查理患了结肠痉挛症。身体上的病痛使他忧心忡忡，他担心自己从此一蹶不振，又担心是否能撑到战争结束，活着回去见他的家人。

在身体和心理的双重煎熬下，查理整个人瘦了30斤。他想自己就要垮了，几乎已经不奢望会有痊愈的一天。就在某天，查理不支倒地，住进医院。

军医了解他的状况后，语重心长地对他说："查理，你身体上的疾病没什么大不了，真正的问题出在你的心里。我希望你把自己的生命想象成一个沙漏，在沙漏的上半部，有成千上万的沙子，它们在流过中间那条细缝时，都是均匀而且缓慢的，除了弄坏它，你跟我都没办法让很多沙粒同时通过那条窄缝。人也是一样，每个人都像是一个沙漏，每天都有一大堆的工作等着去做，但是我们必须一次一件慢慢来，否则我们的精神绝对承受不了。"

医生的忠告给查理很大的启发，从那天起，他就一直奉行着这种"沙漏哲学"，即使问题如成千上万的沙子般涌到面前，查理也能沉着应对，不再杞人忧天。他反复告诫自己："一次只流过一粒沙子，一次只做一件工作。"没过多久，查理的身体便恢复正常了。从此，他总是从容不迫地面对自己的工作压力。

每个人所承受的心理压力都是有限的，当我们经受挫折时，压力让我们感觉到自己软弱无助，让我们发现自己是失败者。一次次的挫败，一次次的自责，使我们无法面对自己的种种失败，而选择了逃避和害怕。但是人的精力是有限的，并不能把所有的事情都完美地解决，那么又何必为那么多失败的事情而烦恼呢？

很多人在哪跌倒，就在哪爬起来。没有失败，又何来的成功？压力会让我们失去原有的动力，但它也是使我们走向成功的指南针。可能现在学习和生活的节奏不断加快，给青少年朋友们带来了极大的烦恼，心理压力增加而产生情绪的变化，让他们变得憔悴、伤感、厌世、逃避，或许还有恐惧。但人在一生中遇到的最强大的对手其实只有一个，就是自己，这样或那样的压力往往只是为了做得更好而施加给自己的。所以说压力并不可怕，如果加以利用，它反而是推动我们前进的动力。

很多青少年朋友在与人交往时，因为压力过大而过度紧张，表现得严重缺乏自信。这时就要提高自信心来帮助自己减轻压力。提高自信心有两个原则，一是减少对自己的否定性评价，增加肯定性评价，如"我做得很棒""继续努力我就会成功"；二是参与那些容易成功的活动，当你与某个人接触能够不太紧张时，就是一次对你信心的支持，通过多次锻炼，自信心就会越来越强。

当我们走入困境迷失方向的时候，压力会引导我们，教会我们如何应对，使我们越挫越勇。冷静地想一想，有了压力并不是一件坏事，因为它让我们找回自身的价值，变得更加坚强和自信。压力再大，只要自己有决心和毅力，就能把它转化为动力，推动我们不断前进。虽然离成功还很遥远，但只要我们坚持不懈地努力着，不再让挫败感打击我们的动力，即使仍然失败，我们仍是成功者。因为我们没有放弃，我们是压力的主人。

☞ **人性闪光点：**

每个人所承受的心理压力都是有限的，当我们经受挫折时，压力让我们感觉到自己软弱无助，让我们发现自己是失败者。压力会让我们失去原有的动力，但它也是使我们走向成功的指南针。当我们走进困境迷失方向的时候，压力会引导我们，教会我们如何应对，使我们越挫越勇，让我们变得更加坚强和自信。压力再大，只要自己有决心和毅力，就会把它转化为动力，推动我们不断前进。

Part 7
自私自利：鼓励孩子多为他人着想

本质分析

产生自私自利的原因，一方面是人都有天生的利己倾向，另一方面是父母在我们成长过程中的错误教育。自私的人，其行为对谁都有弊无利，会失去朋友，失去一切。自私自利的观念对我们影响很大，因此我们应予以重视，及早预防。我们要学会付出，学会帮助他人，这样才能改正自私自利的性格缺点。

实际表现

（1）过分关心自己，只注重自己的快乐和幸福，一切以满足自己为主，很少考虑他人。

（2）一切以自我为中心。

（3）在金钱和财物上吝啬贪婪，不愿与人分享，而对于别人的东西却是拿得越多越好。

（4）在别人有事的时候，因为自己被冷落而对他人发火。

（5）固执己见，不能接受公正、正确的意见。

（6）不易与人相处，因此也很难交到知心朋友。

（7）衡量外界的标准是"是否有利于自我本身"，相应的行为也是如此。

Part 7　自私自利：鼓励孩子多为他人着想

自私自利的孩子讨人厌

有一句话说"人不为己，天诛地灭"，这句话表明，人的自私是一种自然、与生俱来的人性。有没有绝对不自私的人呢？我们不敢说没有，但至少周围这种人很少，绝大多数人都是自私的，差别只在于自私的程度而已。真正自私自利的人是不会为他人着想的。

有的人心里只有他自己，对别人的困难是不闻不问，更不会为别人考虑。比如，在公共汽车上，有抱小孩的或有老人上车时，就有个别人坐在座位上装作没看见，不肯让座。因为他只想到自己坐着很舒服，他根本就没想过如果有一天自己老了，坐公共汽车的时候，大家也都像他一样，不给他让座，不管路程有多远，都让他站着，该是一种什么滋味。

有这样一个故事：

一个牧场主养了许多只羊。他的邻居是个猎户，院子里养了一群凶猛的猎狗。这些猎狗经常跳过栅栏，袭击牧场里的小羊羔。牧场主几次请猎户把狗关好，但猎户口头上虽答应，可没过几天，他家的猎狗又跳进牧场横冲直撞，咬伤了好几只小羊。

忍无可忍的牧场主找镇上的法官评理。听了他的控诉，明理的法官说："我可以处罚那个猎户，也可以发布法令让他把狗锁起来。但这样一来你就失去了一个朋友，多了一个敌人。你是愿意和敌人作邻居，还是和朋友作邻居呢？"

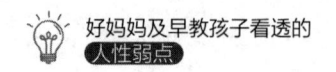

"当然是和朋友作邻居。"牧场主说。

"那好,我给你出个主意。你按我说的去做,不但可以保证你的羊群不再受骚扰,还会为你赢得一个友好的邻居。"法官如此这般交代一番。牧场主连连称是。

一到家,牧场主就按法官说的挑选了三只最可爱的小羊羔,送给猎户的三个儿子。看到洁白温驯的小羊,孩子们如获至宝,每天放学都要在院子里和小羊羔玩耍嬉戏。因为怕猎狗伤害到儿子们的小羊,猎户便做了个大铁笼,把猎狗结结实实地锁了起来。从此,牧场主的羊群再也没有受到骚扰。

为了答谢牧场主的好意,猎户开始送各种野味给他,而牧场主也不时用羊肉和奶酪回赠。渐渐地两人成了好朋友。

一开始,自私自利的猎户只图方便,根本不为自己的邻居着想,结果自己的猎狗总是咬伤邻居的小羊。猎户的邻居几次来恳求他也不为所动,因为他的心里只有他自己。无奈的牧场主听取了法官的建议,送了小羊给猎户的儿子们。此时猎户为了自己的孩子,便不得不把自己的猎狗拴起来,因为此刻小羊已经是他自己的了,他为了保护自己的羊,才会约束自己的狗。牧场主就是利用了猎户的自私心理,才解决了问题。

我们绝不能做自私自利的猎户,自私地只考虑自己,这样身边的朋友会越走越远。长此以往,我们身边就再也没有朋友了,自私会导致没人愿意分享我们的喜怒哀乐,这样的生活是多么的可悲!

如果一个人仅仅想到自己,那么他的一生中,伤心的事情一定比快乐的事情来得多。

——西比利亚克

测一测：你能在无人帮助的情况下，掌握自己的"自私开关"吗？

1.人类传统上习惯用动物作为家族的标志，哪种动物更适合做你家族的族徽？

A.虎　　　　　B.马　　　　　C.燕子　　　　　D.蜜蜂

2.和一个不怎么勤劳的同伴住在一个房间里，忍不住先打扫卫生的总会是你吗？

A.不会　　　　　　　　　　B.说不定同伴会先动手，先等等再说

C.不知道　　　　　　　　　D.往往如此

3.有没有想过收养孤儿的问题？

A.从来没有

B.不知道

C.如果聪明漂亮的话会考虑

D.不管是否优秀，都会像亲生的一样对待

4.对于孩子，如果不需要考虑养育费用，你的想法是什么？

A.最好多生几个　　　　　　B.一个就好

C.没想过　　　　　　　　　D.完全不想要

5.一个很老的问题：如果亲人中老人和孩子同时掉进水里，你先救哪个？

A.孩子　　　　　　　　　　B.不知道

C.老人　　　　　　　　　　D.我不会游泳，所以不会跳下去

6.你怎样确认爱人的忠贞度？

A.要求拥有最大的经济权力　　B.让对方为自己做一些难办到的事

C.至少要考验几次　　　　　　D.没有必要

7.以下几种公益活动必选其一，你会选择哪个？

A.希望工程　　　　　　　　B.动物保护

C.献血（可以全家受益）　　　　D.捐助残疾人

8.以下说法你最能接受哪个？

A.损人利己　　　B.等价交换　　　C.互不相欠　　　D.舍己为人

9.你对三角感情的态度是以下哪种？

A.只要喜欢，从对方伴侣身边抢过来也无所谓

B.不介意共同爱一个人

C.说不好

D.多半会自动退出

评分标准：

A=1分；B=2分；C=3分；D=4分。

测试结果：

10~16分：本能支配欲望的兽族

你的欲望强烈，常常对想要的东西产生无法抑制的占有欲。而"自私开关"相当不敏感，难以控制，因此你得遵循自己完全出于本能的欲望，比如食物、性欲、生存权。这和野兽的思考方式相当接近，你只会为自己的家族牺牲个人欲望。需要抢夺别人的伴侣或争夺职位时，你绝不含糊。

17~25分：道德抑制欲望的人族

你并不是没有欲望，只是你的"自私开关"会在道德面前让步，把欲望转化为其他不那么赤裸裸的东西——只有人才会用这种方式思考，比如要求爱人要有浪漫主义的忠诚，而非要有一大笔金钱或多多益善的情人。其实当你做出一些利他主义的举动时，绝不是百分百出于本意，而是在潜意识里强迫自己压制住对占有金钱或性的冲动而已。

26~34分：利己控制欲望的鸟族

大多数鸟类天生需要集体生存，但并非出于真心，而是自身弱小下的自保主义。你的"自私开关"会被长远的利己主义控制，当你做出"孔融让梨"式的牺牲时，并非是潜意识里真的不想占有，而是考虑到自己无力占有或者会引起麻烦，归根结底是为了自己能得到更多的利益。

35~40分：性格压抑欲望的虫族

你的"自私开关"常年处于断开状态，属于常常在公车上让座的一类人。但无欲无求其实违背生物的天性，压制自身对获取利益的欲望和冲动不能不说是一种病态。你对个人利益不太关心，将关注重点转移到了精神而非物质层面上的获取，宁愿舍弃自己的一些欲望而得到精神上的平静和满足感。

测一测：你是懂得分享的孩子吗？

1.春游时，我喜欢把带的零食和同学分享。

2.每次试卷发下来时，我喜欢与大家交流。

3.班级举行大讨论时，我勇于发表自己的观点和意见。

4.我有很多好朋友，经常会在一起交流学习的体会。

5.如果我被评为"三好学生"，我会很快把这件事告诉父母，和他们分享我的快乐。

6.如果学校举行募捐活动，我会毫不犹豫拿出自己的零用钱。

7.家里有再好吃的东西，我也不吃独食。

8.我认为改革开放的成果应该让全社会共同分享，这样才不会造成贫富差距。

9.我有很强的环保意识，因为我们只有一个地球。

10.我经常会换位思考，同情弱者，也想去帮助弱者。

评分标准：

"完全做到"得5分；"经常做到"得4分；"偶尔做到"得3分；"极少做到"得2分；"完全没做到"得1分。

测试结果：

20分及以下：你的面前亮起了"红灯"。不管是理念还是日常生活实践，你与"分享型"还有很大的距离。

21~30分：你的面前亮起了"黄灯"。你也许正在学习与你的亲人共同分享美好的生活，但与分享型家庭尚有一段距离。

31~40分：你的面前亮起了"绿灯"。你是一位懂得与人分享的人，给自己也给你的亲人带来了快乐。为了家庭的幸福，你还需继续努力。

41分及以上：恭喜你，你正在享受着幸福的家庭生活！

鼓励孩子多与人分享，享受简单的快乐

从前，有一位犹太教长老酷爱打高尔夫球。在一个安息日，这位长老突然很想打高尔夫球。按照犹太教的规定，信徒在安息日必须休息，不能做任何事情。但是，这位长老实在忍不住，决定偷偷地去高尔夫球场。

空旷的高尔夫球场上一个人也没有。长老高兴地想："反正也没人看见我在打高尔夫球，我只打九洞就回去，应该没什么问题吧！"

于是，长老高兴地开始打球了。他刚打第二洞，就被天使发现了。天使非常生气，就到上帝面前去告状，要求上帝惩罚这位长老。

上帝答应天使要惩罚长老。

这时，长老正在打第三洞。只见他轻轻地一挥球杆，球就进洞了。这一球是多么完美，长老高兴极了！

天使默默地注视着这一切。令她感到意外的是，接下来的几个球，长老都是一杆就打进去了。天使非常不解，而且非常生气。她又跑到上帝面前说："上帝呀，你不是要惩罚这位长老吗？怎么不惩罚他呢？"

上帝说："我已经在惩罚他了！"

天使看了看长老，只见极度兴奋的长老，早已忘记自己只打九洞的计划，决定再打九洞。天使不解地问上帝："我怎么没见您在惩罚他？"上帝笑而不语。

这位长老又打完了九洞，每次都是一杆就进洞。长老心里很高兴，但是不一会儿，他就露出了不悦的表情。

上帝语重心长地对天使说："你看见了吗？他取得了这么优秀的成绩，心里十分高兴，但是他却不能跟任何人讲这件事情，不能跟任何人分享心中的愉悦，这不是对他最好的惩罚吗？"

天使这才恍然大悟。

分享是一种美德，更是一种快乐。萧伯纳曾经说过："你有一个苹果，我有一个苹果，彼此交换，每个人只有一个苹果。你有一种思想，我有一种思想，彼此交换，每个人就有了两种思想。"分享能够让我们减轻痛苦，获得快乐。一个人在生活中需要与人分享自己的痛苦和快乐，如果他自私地不肯与他人分享，那么他的人生就是一种惩罚。

人都会有一种"自我中心"的心理，这种心理根源于他人的私爱和溺爱。为了不让我们因这种来自长辈的溺爱变得自私自利，我们要学会怎样去爱人，学会怎样为别人着想，与人分享自己的所有。

与别人分享好吃好玩的东西，对别人说一些关心体贴的话，同情并帮助有困难的人，不计较别人的过错，对别人能够宽容和谦让……我们的爱心就是通过这样一次次的行为模仿和强化而逐渐形成的。

玲玲说：有一次，学校组织演讲比赛，老师让她参加。当她手足无措的时候，她的同桌小冰帮助了她。小冰帮她找到了演讲材料，课余还帮她练习，并多次帮她分析各个环节应注意的问题，培养她的自信，鼓励她大胆去做。比赛时，玲玲心慌意乱，这时看见小冰正站在台下向她微笑挥手助威，不一会儿紧张情绪就自动消失了。她从容地站在舞台中央，展示出全部的热情。皇天不负苦心人，玲玲最终以优异的成绩脱颖而出，她不禁暗自庆幸。这时往台下一看，只见小冰高兴得大喊大叫，手舞足蹈。当玲玲拿着奖状走到小冰跟前时，小冰突然紧紧地抱着玲玲兴奋地说："成功了，成功了！"她拿着奖状东看看西瞧瞧，还不停地向周围的人炫耀，仿佛领奖的不是玲玲，而是她！看着眼前的这位好友，一瞬间，玲玲明白了，快乐原来是这样互相传递的。你的快乐，与别人分享后，会获得更大的快乐，这样不仅自己快乐，他人也快乐了。

所以，人与人之间确实需要这样一种分享。不仅可以分享快乐，分享成功的果实，当你难过的时候，也可以与他人一起解忧。只要你打开心扉，愿意与他人分享你的感受，这样忧愁自然就会消失，快乐也自然会永远传递下去，从而营造出一个轻松愉悦的生活氛围，勾勒出一个更加快乐的世界。

☞ 人性闪光点：

人与人之间确实需要这样一种分享。不仅可以分享快乐，分享成功的果实，当你难过的时候，也可以与他人一起解忧。只要你敞开心扉，愿意与他人分享你的感受，这样忧愁自然就会消失，快乐也自然会永远传递下去。

Part 8
好逸恶劳：告诉孩子努力才能收获幸福未来

本质分析

好逸恶劳是一种懒惰的行为，它使青少年朋友安于现状，不愿与未知的情况作斗争。长此以往就会变得懒散、没斗志，失去生活的目标，从而降低他们的生活质量，使他们无法按照自己的愿望进行活动。面对安逸的生活环境，有的人得过且过，意识不到这是懒惰；有的人总是推脱，寄希望于明天会有转变；有的人也想摆脱自己的惰性，却不知如何是好。其实，勤奋是摆脱懒惰的最好方法，安于现状是滋生懒惰的温床，唯有一刻不停地努力，才能帮助我们找到成功的方向。

实际表现

（1）不愿同他人交谈或加入一个小团体。

（2）不能从事自己喜爱做的事，总是闷闷不乐。

（3）对自己周围的人或事总是漠不关心。

（4）由于焦虑而不能入睡，睡眠质量不好。

（5）日常起居生活散漫、无秩序、不讲卫生。

（6）常常迟到、逃学且不以为然。

（7）不能专心听讲、按要求完成作业。

（8）不知道自己学习的目的，不能主动地思考问题。

激发孩子的进取心，让孩子告别安逸

惰性就像一种慢性病毒，它总会无声无息地附在我们身上，使我们安于现状、安于享受，让我们懒于学习、懒于思考，最后变得思想消极，成为一个平庸的人。安逸的生活是每个人都追求的，人们总是希望自己能生活得安宁祥和，殊不知，这安逸祥和的生活中也暗藏了人性的弱点。青少年朋友不能被这种安逸的表面所蒙蔽，现在正是学习的好时光。生活好比浪中行船，不进则退，即使非常富足、不愁吃穿，如果不思进取，也难以取得更伟大的成就。

据科学家调查，人一生中有1/3的时间用于睡觉，这是一个很庞大的数字。然而，法国传奇人物拿破仑却说："睡觉超过5小时，等于自杀。"拿破仑作为一个贵族的后裔，他的生活并不困苦，但试想，如果他安于现状，在自己的领地过着悠闲的生活，那么又怎会有之后的法兰西第一帝国？如果他用他人生中1/3的时间去睡觉，那又怎能一次次打败反法同盟的军队？由此观之，我们则更应努力，不要只顾享受，变成一个平庸的少年。

安于现状的想法会使我们懒于追求更高的目标，它会让我们放松、懈怠，这种情绪会体现在任何事情上。因为安于现状，我们就会失去生活的激情，忘记被人超越的可能性，忘记被快速发展的社会淘汰的可能性，这是很可怕的。陶醉在自己安逸生活中的青少年朋友们，千万不要再自欺欺人了。企业安于现状，必定走向失败；国家安于现状，必定走向落后。因此，我们不能安于现状，而要不断地去发掘自身的潜力，实现自己的价值。

要实现自己的价值，我们就不能被安逸的生活蒙蔽自己的双眼，要不断给自己制定更高的标准，不断去追求，不能因为有一点成绩就沾沾自喜。我们时刻都要有紧迫感、危机感，要不断地努力，不能因为自我感觉良好，就停下前进的脚步。

在19世纪末，美国康奈尔大学曾进行过一次著名的"青蛙试验"。科学家将一只青蛙放在煮沸的大锅里，青蛙触电般地立即蹿了出去，并安然落地。后来，科学家又把它放在一个装满凉水的大锅里，任其自由游动，再用小火慢慢加热，青蛙虽然可以感觉到外界温度的变化，却因惰性而没有立即往外跳，等后来感到热度难忍时已经来不及了。

这就是有名的"青蛙效应"。这个故事告诉我们：外界环境的改变大多是渐热式的，如果我们安于现状，只顾享受，那么最后就会像这只青蛙一样，被煮熟、淘汰了还不自知。

世界在一刻不停地前进，每个人都在进步，我们要想获得成功，就绝不能安于现状。俗话说："逆水行舟，不进则退。"如果我们因为满足现状而停下前进的脚步，就等于倒退，将会被社会所淘汰。安于现状是平庸者的温床，我们将会因自甘堕落而被社会抛弃，变成生活的平庸者。

如果惧怕前面跌宕的山岩，生命就永远只能是死水一潭。

——雷顿

测一测：你是一个容易知足的人吗？

1.你是否觉得自己被迫循规蹈矩？

A.是的，有时是这样

B.很少或从不

C.是的,我经常因为必须循规蹈矩而感到沮丧

2.你是否喜欢自己的工作?

A.大多数时候是,但不总是

B.是的

C.基本上不是这样

3.你认为下面哪个词是对你最好的概括?

A.安定的　　　　　　B.感到满意的　　　　　　C.不平静的

4.你是否做过一些让你良心不安的事?

A.是的,有时候

B.很少或从不

C.是的,我在这方面很担心

5.你对生活是否抱有一种轻松的态度?

A.是的,对大多数事情是这样,但是有些事情因为很重要,不是那么容易放得下

B.总的来说,我的确是抱有一种轻松的态度对待生活

C.我不认为自己是一个很轻松愉快的人

6.你是否会因为自己的失败而拿别人出气?

A.偶尔　　　　　　　B.很少或从不　　　　　　C.经常

7.你是否感到自己的生日是在比较幸运的星座上?

A.也许我算比较幸运的　　　　B.绝对没错　　　　C.不

8.你是否已经实现了人生的大多数抱负?

A.我现在还不能找出特定的抱负需要我去实现

B.是的

C.完全不是

9.你如何看待未来？

A.有一定程度的理解

B.如果顺利的话，会像现在一样继续发展

C.我希望将来会比过去和现在要好得多

10.你拥有良好的睡眠吗？

A.我努力做，但不总是成功

B.是的

C.通常不太好

11.你是否感到自己有自卑感？

A.可能，有时是这样　　　　B.没有　　　　C.是的

12.你是否认为自己拥有忠诚和稳定的家庭生活？

A.总的来说是这样　　　　B.毫无疑问　　　　C.不是

13.你觉得自己有没有充分享受自己的业余时间？

A.也许我的业余活动没有我希望的多

B.是的

C.没有，因为我没有时间参加业余活动

14.你是否考虑过通过做整形手术来让自己变得漂亮一些？

A.可能　　　　B.没有　　　　C.是的

15.如果让你回忆并且评价自己的人生，下面哪句话最适合？

A.基本上满意，但我认为自己还能够获得更多

B.我要感谢上天的恩赐，因为我人生的顺境要多于逆境

C.我多少会感到有些生气，因为我没有实现自己的人生价值

16.你是否很容易休息放松？

A.有的时候容易，有的时候比较困难

B.很容易

C.一点也不容易

17.你是否已得到人生中应该得到的大多数东西？

A.基本上是这样

B.我认为我得到了

C.我认为我没有得到

18.你是否经常希望自己是另一个人？

A.不经常，但偶尔会认为有些人比我幸运

B.我从来没有认真考虑过

C.我经常希望自己是另一个人

19.如果让你变换生活方式一年，你愿意吗？

A.在特定的情况下有可能

B.我认为我不会

C.是的，我会接受这样的机会

20.你是否觉得机会总是从身边溜走？

| A.有时 | B.很少或从不 | C.经常 |

21.你嫉妒其他人的财产吗？

| A.偶尔 | B.很少或从不 | C.经常 |

22.你是否经常因为事情做得太少而沮丧？

| A.有时 | B.很少或从不 | C.几乎始终是这样 |

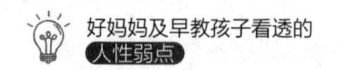

23.你是否渴望异乎寻常的假期,它可以让你完全逃避现实?

A.是的,有时候

B.假期是不错,但对我来说不是必不可少的

C.是的,经常这样想

24.你是否嫉妒富人或名人?

A.偶尔　　　　　　　B.很少或从不　　　　　　C.经常

25.你对自己感到满意吗?

A.基本满意　　　　　B.满意　　　　　　　　　C.不满意

评分标准:

回答"A"得1分,回答"B"得2分,回答"C"得0分。

测试结果:

少于25分:你对自己的生活不太满意。也许你对没有实现自己的人生梦想,时常感到精疲力竭或者非常无奈、痛苦;也许你认为人生太过短暂,你没有足够的时间去做你想要做的事情;也许你实在不满意当前所从事的工作,而且在工作的时候你常常会想到你真正愿意做的事情;也许你正在经历人生的一个困难或紧张的时期,这种情况是我们每个人都可能遇到的。

如果情况确如上面所述,那么现在正是审视并且评价自己人生的好时候。要多注意积极的方面,扪心自问得到了什么。也许你拥有一份稳定又喜欢的工作和一个和睦的家庭,这本身就是一种成就;也许你有一项喜爱的运动或业余爱好,而且可以倾注更多的时间享受其中的乐趣……所有这些都是值得感激的,而不应该失望的。

25~39分:你对自己的人生基本满意,尽管你可能还没有意识到这一点。尽管你并不缺乏雄心壮志,但你不会为了追求这些目标而去冒险,包括危及你

自己的快乐和现有的生活方式，以及那些和你最亲近的人。

但是，在你的内心深处，经常会有一种不满足感，因为你自认为可以获得更多，因此而感到有些遗憾。

尽管如此，总的来说你还是认为自己的目标大部分已经实现。因此，没有理由做任何改变，哪怕许多人如父母、老师、朋友和同事都急切地告诉你应该怎样对待生活。毕竟，只有当这些目标对你来说很重要时，它们才算重要。因此，你才是自己的首席专家，你才有权决定自己人生的道路应该怎样走。

40~50分：你对自己的生活感到满意。你可能拥有快乐和内心的安宁。正是这种快乐感染并影响了你周围的人，尤其是你的直系亲属。你是很幸运的一类人，能够找到自己的小天地。你很懂得知足常乐，这正是许多人羡慕你的地方。

告诉孩子，努力的人才会更幸运

人不能安于现状，做命运的平庸者。我们要以不懈的努力和敢于面对困难的毅力，去迎接新的挑战，去争取新的机会。不努力，我们怎么能找到成功的方向？不拼搏，我们怎么能得到美好的明天？

如果想在竞争激烈的今天取得成功，那么就要时刻拼搏，把安逸的生活抛之脑后。不思进取的享乐主义者认为：生活要慢慢体会，平凡也是一种滋味，努力拼搏也不过是为了博得一份安宁的生活。但四季轮回之后，时间带走了他们的享受，却还不回他们的幸福生活。社会在不断发展，享乐主义者又能享受几天清闲呢？他们会为他们提前享受的安逸生活付出沉重的代价。我们不能安于现状，前进是我们唯一的选择。我们要努力地去拼搏，不断地超越我们生命旅程中的失败，朝着自己制定的目标前进。终有一天，我们会因坚定不移的意志，坚韧不拔的毅力，成为自己生命的主宰，那时才是我们享受胜利的时候。

美国人鲁塞·康维尔就是一个不安于现状的人，他用努力改变了自己的生命，使自己梦想成真。

1862年，作为耶鲁大学的新生，他在国家的号召下应征入伍，成为林肯军队的一员，不满20岁就被任命为陆军上校。战争结束后，他取得法学院学位，成为执行律师。律师在美国是很不错的职业，但康维尔的理想是建立一所大学。虽然收入有限，但康维尔从来没有放弃自己的梦想。1870年，康维尔听到了一个著名的激动人心的故事"后花园的钻石"。故事说一个富翁丢弃自己的土地，漂泊到世界各地寻找钻石，并客死他乡。后来，人们却在他丢弃的土地上找到了大量的钻石。

康维尔决定把这个故事告诉更多的人。他以这个故事为素材，发表演讲五千多次，成千上万人被他的演讲所折服。1888年，TEMPLE大学取得设立许可证，资金就是他演讲所得的400万美元。

如果康维尔是一个安于现状的人，他就会只是一个律师，在美国过着一成不变的律师生活，绝对不会靠自己的双手建立起一所大学，从而完成他的梦想。

我们可以去尝试做一些不是很难的事，或者做些以前很想做但一直没去做的事。从今天起，我们不能再把事情推脱给"明天"，并且在做事时，不要只看结果如何，而要看通过做事我们学到了什么。也许我们失败了，但我们掌握了成功的诀窍，这就是一种收获。我们也要时刻保持开朗乐观的情绪，自暴自弃是一种无能的表现。每个人的人生都会有失败的经历，而关键是你怎么面对失败。正确的做法应该是冷静地查找问题出在哪里，或是自我解脱，或是与别人商量，哪怕争论一番对扫除障碍也有益处。我们要勇敢地把自己的不足变为勤奋的动力。学习、劳动时都要全身心投入，争取最满意的结果。

在现实生活中，多数人天生是懒惰的，他们大都尽可能逃避工作，喜欢享受安逸的生活。他们中的大部分人也都没有雄心壮志，缺乏执行的勇气。

安于现状地享受生活会吞噬人的心灵，使每一个青少年朋友变得懒散、懈怠。他们花费了很多的时间和精力去逃避自己该做的事，却不愿花同样的精力去做好它，到头来损失的只有自己。对每一位渴望成功的人来说，贪图享受最具破坏性，也是最危险的恶习，它使人丧失进取心，不愿去努力。克服懒

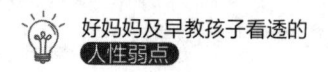

惰，正如克服任何一种毛病一样，是件很困难的事情。但是只要你决心与懒惰分手，并在生活学习中持之以恒，那么灿烂的未来就属于你！

人性闪光点：

我们要主宰自己的命运，就要用自己的双手去实现自己的梦想。我们要时刻奋斗，要全力以赴地去做好每一件事情。否则，我们将一事无成，成为生活的平庸者。平庸者总是被埋没在历史里，没有人会注意他们。因此，我们要改变自己，就要从身边的每一件小事做起。

下篇

克服弱点：让孩子明白人最大的敌人是自己

Part 9
以貌取人：引导孩子学会一视同仁看待周围人

本质分析

以貌取人的意思是根据人外貌的美丑，来评价或衡量人的品质、才能。在人与人交往中，不看本质，而是以官职、衣冠、钱财取人，媚富贱贫，趋炎附势。

实际表现

（1）对于长得帅的明星疯狂追逐，丝毫不去看他们的能力和品质。

（2）对于班上穿着耐克鞋、背着阿迪包、拿着新款手机的同学另眼相看，即使人家不爱理睬自己，也放下身段笑脸相迎。

（3）喜欢围绕着长得好看的女孩转，对于那些样貌普通、身材稍胖的女孩则爱答不理，甚至欺负人家。

（4）看哪个老师顺眼，就喜欢哪个老师的课，而在看不顺眼的老师课上打闹、捣乱。

激发孩子的同理心，引导其勿以外貌评判人

心理学家做过一个实验：分别让一位戴金丝眼镜、手持文件夹的青年学者，一位打扮入时的漂亮女郎，一位挎着菜篮子、脸色疲惫的中年妇女，一位留着怪异头发、穿着邋遢的男青年在公路边搭车，结果显示，漂亮女郎、青年学者的搭车成功率很高，中年妇女稍微困难一些，而那个穿着邋遢的男青年就很难搭到车。

这个实验说明：不同的仪表代表了不同的人，随之就会有不同的际遇。这不仅仅是以貌取人的问题。大家都了解第一印象的重要性，而研究发现，50%以上的人会由外表去判断一个人，这也说明"以貌取人"的现象在我们的生活中普遍存在，然而这也是非常错误的行为。

任何人和事物都是处于不断的变化之中，既可能向着好的趋势发展，也可能向着坏的趋势转化，所以人们在对待人和事物的时候，不能仅仅盯住眼前的这么一点点表象，因为它只反映了这个人或者这件事目前的状态。

人们要懂得美丽的白天鹅是从丑小鸭变来的，美丽的蝴蝶是从丑陋的蛹变来的。不要以貌取人，要将眼光放得长远些，对人和事从本质上进行分析、判断，只有掌握了这种能力，才可能作出正确的、符合自己利益的决策，否则就会犯急功近利的错误。

很多人都看过《巴黎圣母院》这部世界名著，并且对其中相貌丑陋的敲

钟人卡西莫多有着深刻的印象。敲钟人卡西莫多和卫队长费比斯，两个人的外貌形成强烈对比：费比斯长着英俊的面孔，穿着华丽的衣衫，有着高贵的地位，像太阳一样发出耀眼的光芒；而卡西莫多，天生畸形，丑陋无比，让人看一眼就觉得恶心，他的丑给所有读者的心灵都笼罩了一层阴影。但是，让人没有想到的是，在卫队长漂亮的军服下，却掩盖着一个无比丑恶的灵魂，他身上既有无赖流气，对少女百般戏弄，更具有行伍出身的兵痞习气，他总是喜欢把快乐建立在别人的痛苦之上；而卡西莫多恰恰相反，在他丑陋的外表下有一颗真正善良的心，他勇敢地捍卫主权，默默地和凶狠的费比斯斗智斗勇，保护着爱斯梅拉达，他善良、仁爱、忠诚，是天使的化身。

通过这本书，很多人了解到：不能以貌取人。就像中国古语所云："人不可貌相，海水不可斗量。"狐狸精、蛇精都是美人，却都有着狠毒的心肠；穿着最俭朴、生活最不讲究的很可能正是推动社会进步的科学家。外表的美与丑并不能代表一个人的内心，穿着的优劣也不能代表一个人的能力。看人交友是交心，切不可被外在所迷惑。

每个人都希望自己能够长得漂亮一些，但是长相不是我们能够左右的。身体发肤受之父母，一个人是其父母家族的延续，并不只代表自己本身。现在不少人崇尚整容，想让自己变得更加漂亮，然而整容能改变自己的相貌，却改变不了本质。一个人要想改变自己，只改变外貌是不行的，还要提高自身的素质和修养，从本质上改变自己，才是真正的改变。

一位长相土气的老人来到市政府机关门卫值班室："同志，请问王××在吗？""喂，老头，你胆子不小啊，敢直呼我们市长的名字！""俺找他有事啊。""别没事找事，去去去，你找他能有什么事，你是他什么人啊？""俺是他爹。"听到这话值班人员立刻笑脸相迎，忙着套近乎。

一个人的外貌只能体现他的一小部分，要是仅用这一点来评价一个人，则是片面的、不完整的。每个人都有自己的长处，而大多数人的长处并不只是体现在他的外貌。一个精明强干的人，他的外貌也很出众，这当然是一件好事，但是往往那些有着宏图大志的人，他的外貌并不出众。要是仅以外貌来评价或使用一个人，那就太不公平和不慎重了。

我们通常称那些以貌取人的人为"势利眼"，因为他们只是从一个人的外表和权力地位来看待人，而并不重视一个人的内心。然而世事无绝对，人都是在不断变化着的，某个人现在很贫贱不一定证明他日后就不会富贵；反之，某个人现在很风光不一定证明他以后就不会窘迫。关键在于要学会识人，要看一个人最本质的东西。

一个人的外表并不决定一切。内心才扮演着比外表更重要的角色。人不能过分追逐外表美，心灵的纯洁真诚才是我们一生需要具备的。

——佚名

测一测：你是一个以貌取人的人吗？

如果你是一个百货公司的销售人员，面对形形色色挑剔的顾客，你最讨厌遇到哪种人呢？

A.根本不买只找你聊天

B.嫌东嫌西不满意

C.不停地换货

D.摆臭脸又懒得理你

测试结果：

选择A的朋友：以貌取人指数100%。这类型的人，因为追求完美，所以你会很挑剔。不过如果你喜欢的人不理你，你就会开始讲酸话，说你喜欢的人不

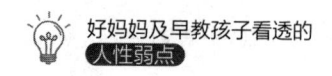

怎么样。所以选这个答案的朋友，你一定要在心态上调整一下，因为你太追求完美了。其实每个人都是有瑕疵的。

选择B的朋友：以貌取人指数90%。这类型的人会在很多人中，挑选大家公认为好看的。跟帅哥或美女在一起，你的态度就会变得非常和蔼可亲，然后什么都好商量。感觉上真的不错，尤其是帅哥或是美女，你一看他们就觉得心情非常愉快。

选择C的朋友：以貌取人指数70%。这类型的人，只要他长得不错，你就会以欣赏的眼光，去跟他相处。所以选这个答案的朋友，其实很亲切。

选择D的朋友：以貌取人指数50%。这类型的人，对美好的事情有自己的癖好，譬如说大家都觉得丑的人，你却会觉得很美；而大家都觉得一个人长得帅，你就不会这样认为，因为你会欣赏特别独特的东西。因此大家都觉得你所喜欢的帅哥美女都是怪怪的。所以选这个答案的朋友，大家会觉得你的审美标准和他们真的不太一样。

激发孩子的自尊心，引导其尊重他人

谁都希望得到别人的赏识，被别人所认可。但人活于世却常常事与愿违，必须经历因得不到赏识和不被认可而受挫的痛苦瞬间。这时候，如何看待自己将会改变一个人的人生轨迹。

自尊自信是一个人成才与成功的重要条件。首先，自尊自信是人不断进取的阶梯，是促使人奋发进取的心理因素，它能使人产生巨大的力量。这种催人向上的力量，既是一种强大的驱动力，又是一种强大的自我约束力。可以说，人的一生取得的任何一次成功，都是伴随自尊自信的。其次，在遇到困难和挫折时，自尊自信的人能够奋发向上、自强不息，征服挫折和失败，在挫折与失败中获得成功。而丧失自尊的人，在遇到困难和挫折时，往往自暴自弃、自轻自贱；缺乏自信的人，在遇到困难和挫折时，首先想到的是自己不行了，从而放弃努力。所以没有自尊自信的人，是不可能在事业上取得成功的。

有一次，汤姆去一个鼎鼎大名的演员家做清洁工。女主人给汤姆交代完工作，突然问他："我能够吸烟吗？"汤姆吃了一惊，说："你是在问我？"她说："是啊，我想抽支烟。"汤姆说："这是你的家呀，怎么还要问我？"她说："吸烟会妨碍你，当然应该得到你的允许。"汤姆赶忙说："你以后不用问，尽管吸好啦！"她这才拿起烟，把它点燃。

那天汤姆想了许久。一个人在自己家里抽烟，还要温文尔雅地征求一个清洁工的同意，真是匪夷所思！然而，汤姆不得不承认，那一刻，自己非常高兴，非常感动，因为自己被当作一个平等的人而得到尊重。尽管汤姆是一个清洁工，但他并不比人低一等，即使在别人家里，他也有自己不被侵害的权利，也是和主人一样平等的人。

无论你是普通学生还是班级委员，无论你的成绩好坏，你都必须确信一点：在自尊心方面，别人和你一模一样。自尊心是每个人都拥有的，无论是高高在上的总裁，还是沿街乞讨的流浪者。然而，在待人处世方面，我们往往会过分强调自己的自尊心。轻易地抬高自己而否定别人是不对的，切记不要把别人的自尊心踩在脚下。

这一点与我们日常生活中所说的自尊有所区别。在日常生活概念里，我们不仅认为自尊是自己感到有能力、有信心等具有积极意义的品质，而且认为自尊是一个人好面子、骄傲自大、缺乏批评精神等具有消极意义的品质。有时候，我们会听到这样的责备："你这个人自尊心也太强了。"也就是说，自尊太弱了不好，太强也不行，最好是适中。但是，我们认为，自尊是我们人格中具有积极意义的部分，是应该努力培养的。而所谓"死要面子""追求虚荣""盲目骄傲"等，不仅不是自尊，反而是一种自卑的表现。

人性闪光点：

一个人懂得自尊，他的人生也会发生相应变化。自尊是决定我们一生成功与否的主要因素。自尊带来快乐、满足和有意义的生活。自尊是对自身能力的认定。自尊的人在信念、能力和承担责任的主动性方面不断增强，他们乐观地面对生活，有激情、有雄心、有自信，感觉敏锐；他们表现出色，勇于冒险，乐于接受新的机遇和挑战。当然，他们也能轻松得体地给予和接受批评与赞扬。

Part 10
勇气不足：每个妈妈都要从小培养孩子勇敢的品质

本质分析

畏首畏尾的人可能是受家庭环境影响，也可能是平时做事的方式和思维习惯等使得自己做事瞻前顾后、左顾右盼，变得胆小怕事。很多事想去做却又害怕困难，害怕得不到理想的结果，因而任何梦想都只是停留在"想一想"的阶段，毫无实现的可能。

实际表现

（1）想大胆发言，又担心答错被同学笑话。

（2）想报名参加合唱队，又怕选不上。

（3）想做一些自己喜欢做的事，又怕被爸爸妈妈骂。

（4）想学雷锋做好事，又怕别人说自己傻。

青春阳光的孩子,就要有一颗冒险的心

人的心理总是向往安全、安逸,会不自觉地逃避危险的处境。你可以选择走更为平坦的路,但你不能没有一颗冒险和尝试的心。哲人说,许多伟大事件的形成,起初只是因为一颗充满对冒险向往的心,一颗勇敢的心。

人生需要舞台,每一个渴望获得成功的人,都要努力在属于自己的舞台上展现自己的风采。但是,人心理的惰性又是天生的,总希望面对同样的状况,能用同一种方式来处理,然后习惯成自然,通过重复的量的积累,实现自我超越。就算有冒险与创新的想法,也因为怕麻烦和风险而不愿实施。那些做事依靠量的积累的人,通常也只能带来量的变化,而非质的超越,更别说人生能有大转型和大开放。所以,成功者从来都是少数。

被誉为"20世纪世界奇人"的美国盲聋作家、教育家海伦·凯勒,就信奉这样的座右铭——人生要是不能大胆地冒险,便一无所获。只有勇敢地突破环境的束缚,改造自己,才有实现质变的可能。

恺撒则说:"懦夫在未死之前,已经身历多次死亡的恐怖和痛苦。"那些做事前总是思前想后,犹犹豫豫,甚至投鼠忌器的人,在丧失机会的同时,也会封住自己前进的脚步。成功的捷径之一就是要敢于冒险,如果你不想一辈子平庸无奇、碌碌无为,那么不妨冒险一次,在人生的关键时刻,奋力一搏。

一位心理学家在课堂上讲过这样一个故事。

有一天，龙虾与寄居蟹在深海中相遇，寄居蟹看见龙虾正把自己的硬壳脱掉，只露出娇嫩的身躯。寄居蟹非常紧张地说："龙虾，你怎么可以把唯一保护自己身躯的硬壳也放弃呢？难道你不怕有大鱼一口把你吃掉吗？以你现在的情况，连急流也会把你冲到岩石上去，到时你不死才怪呢！"

龙虾气定神闲地回答："谢谢你的关心，但是你不了解，我们龙虾每次成长，都必须先脱掉旧壳，才能生长出更坚固的外壳。现在面对的危险，只是为了将来发展得更好而做的准备。"

寄居蟹整天找可以避居的地方，而没有想过如何令自己成长得更强壮，总是活在别人的荫庇之下，难怪永远都无法强壮起来。

英国剧作家萧伯纳有句名言："对于害怕危险的人，这个世界总是危险的。"也许前方的路看似艰险无比，但只要你勇敢地迈步向前，去感受这一路上的风景，总比在原地踏步要好得多。唯有充满胆略的冒险，才能为我们带来通常难以企及的成功。

泰戈尔说，人活着就要像一股与顽强的崖口进行搏斗的狂奔的激流。你应该不顾一切纵身跳进那陌生的、不可知的命运，然后以大无畏的英勇把它完全征服，不管有多少困难向你挑衅。敢于冒险的人，终将在冒险的过程中看到属于他自己的绮丽的风景。

冒险是成功者的特质之一。每一个想要出类拔萃的人，都会将这种品质发扬光大。事实上，对于那些害怕危险的人，危险无处不在。没有敢于承担风险的胆略，任何时候都成不了气候。胆略高的人能够把握机会，该出手时就出手。但凡成就大事业的人，都是具有胆略和魄力的。而在冒险的过程中，也会体味到不一样的刺激和快乐。

只要你勇敢，世界就会让步。如果有时它战胜你，你就要不断地勇敢再勇敢，世界总会向你屈服。

——W.M.萨克雷

测一测：你是一个有冒险精神的人吗?

本测验共有31道题，涉及工作、生活、价值观等方面。对于这些问题，每个人的看法都不尽相同，任何基于真实情况的回答都是你个性、特点的反映，没有"对"或"不对"之分。请在每道题的A和B中选择一个答案，不要漏掉任何一道题。有些题你可能从未碰到过或难以选择，不需要过多思考，凭第一感觉回答即可。

1. 当要做别人也做的事时，你更愿意：

    A.用大家所接受的方法做　　B.用自己想出的方法做

2. 你对自己的物品的摆放通常是：

    A.在意的　　B.随便的

3. 你更难以接受的是：

    A.生活的节奏单一不变　　B.稳定有序的生活被打乱

4. 你认为更重要的是：

    A.能够预见一件事情　　B.能够适应现实条件

5. 你喜欢：

    A.抽象的、概括性的观点　　B.具体的、真实的叙述

6. 当被事先规定好你要在某个时刻做某件事情时，你会：

    A.很高兴，可以按计划行事　　B.有些不高兴，因为被束缚了

7. 你更看重：

    A.潜在的可能性　　B.真实的情况

8.选择你较喜欢的词：

A.实干家　　　　　　　　　　　B.创新者

9.选择你较喜欢的词：

A.制作　　　　　　　　　　　　B.发明

10.选择你较喜欢的词：

A.富于想象　　　　　　　　　　B.讲求实效

11.选择你较喜欢的词：

A.有条不紊　　　　　　　　　　B.机动灵活

12.选择你较喜欢的词：

A.提前安排　　　　　　　　　　B.不断体验

13.选择你较喜欢的词：

A.理论　　　　　　　　　　　　B.经验

14.对周末或假日，你喜欢：

A.提前安排好约会、社交聚会等　B.随心所欲，临时决定做什么

15.在日常工作中，你往往：

A.从最后关头的压力中得到动力　B.避免出现燃眉之急的压力

16.在工作中，你会：

A.尽量避免定一个最后期限　　　B.安排好了的事情，就不再轻易改动

17.通常情况下，你：

A.崇尚现实主义与常识　　　　　B.崇尚想象力和新事物

18.你更愿意交的朋友是：

A.总有新主意的人　　　　　　　B.脚踏实地的人

19.你通常：

A.在做完决定后感到快乐　　B.因保留有选择的余地而快乐

20.和你相处得好的人通常是：

A.富于想象的人　　B.注重现实的人

21.相对之下，你更相信：

A.确定而有形的事物　　B.灵感和推理

22.选择你较喜欢的词：

A.一丝不苟　　B.不拘小节

23.选择你较喜欢的词：

A.想象　　B.实际

24.选择你较喜欢的词：

A.有条理的　　B.随意的

25.选择你较喜欢的词：

A.已知　　B.未知

26.选择你较喜欢的词：

A.过程　　B.结果

27.选择你较喜欢的词：

A.可能性　　B.现实性

28.选择你较喜欢的词：

A.具体　　B.抽象

29.你喜欢：

A.完成有重大意义的探索性工作　　B.完成常规性的实际的工作

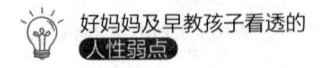

30.更符合你的情况是：

A.你总有一种想要开创新局面、创造新事物的冲动

B.你认为多数时候应坚持经受过检验的常规方法，以免冒太大的风险

31.更符合你的情况是：

A.目标一旦确定，你就会坚持不懈地为之奋斗

B.你会根据现实情况灵活调整自己的目标

评分标准：

本测试的评分标准分为两个部分，即计划性（18题）和创新性（30题），具体如下：

计划性（18题）

选A计1分、选B计0分的题目：2、4、6、7、11、12、14、19、22、24、27、31。

选B计1分、选A计0分的题目：3、15、16、21、25、26。

0～6分，低

计划性和条理性不强。不喜欢对工作进行计划和安排，更喜欢随时和随意的工作方式。不关注系统性，对于工作更愿意从自己当下最感兴趣的部分着手，容易难分主次，也不愿意为任务设定时间期限。认为严格按照计划执行是对自己的束缚，更愿意灵活对待目标和计划，认为目标和计划可以根据情况随时调整。不在意时间安排，有时显得拖拉。

7～12分，中

计划性和条理性中等。能对工作进行必要的规划和安排，多数情况下能为工作设定明确的目标。确定主次，根据工作需要制订时间表。通常能按照既定的计划执行，但也会根据情况做灵活的调整。一般情况下，对待时间期限较为重视，但在压力情境下可能会有所延迟。

13～18分，高

有很高的计划性和条理性。对工作的规划和安排非常重视，喜欢清晰有序、井井有条地计划工作，能为全局和长远考虑，设定清晰、明确的目标，善于按照事情的轻重缓急安排优先次序，习惯制订具体的时间表。对于既定的计划严格执行，按部就班。有较强的时间紧迫感，总是认真对待时间期限。思路清晰，注重效率。

创新性（30题）

选A计1分、选B计0分的题目：3、4、5、7、10、13、15、16、18、20、23、26、27、29、30。

选B计1分、选A计0分的题目：1、2、6、8、9、11、12、14、17、19、21、22、24、25、28。

0～10分，低

创新性、灵活性低。喜欢遵循先例、传统和经验，重视已经形成的制度、惯例等，不愿意加以变动和改进。处理问题时，不喜欢冒险尝试未经实践检验的方式方法，而更愿意相信和采用已经被证明有效的方法。关注目前的现实情况，对新的可能性考虑较少或排斥，有时可能显得呆板。

11～20分，中

创新性、灵活性中等。在通常情况下，倾向于按照传统和经验行事，遵守已经形成的制度、惯例等，但在必要时，也愿意接受对固有事物的改进和创新。处理问题时，多数情形下希望采用已经被证明有效的方式，但同时能对新的可能性、新的方法保持开放的态度。思路有一定的开阔性，能提出新的想法和创意。

21～30分，高

创新性、灵活性高。不喜欢因循守旧、墨守成规，总是寻求新的思路和方法，敢于打破陈规。关注对工作方式和组织运行等的创新和改进。富有创意和好奇心，总是能提出新颖的方法和独到的见解。思路开阔，能发现多种可能性，并对其保持开放态度。善于接受新的事物和新的观念。

Part 10　勇气不足：每个妈妈都要从小培养孩子勇敢的品质

越是勇敢的孩子，越能实现卓越

有人说："没有比脚更长的路，没有比人更高的山。"的确，任何困难和挫折在勇敢的人面前都不过是一个小小的障碍。只要你处理得当，它就是你的通行证，你的垫脚石，是你打开成功大门的法宝。

人生就如同一座巍峨的大山，自打出生的那刻起，我们就不得不往上攀登，而且只有攀得越高，我们才能看到更多更美丽的风景。在登山的时候，难免会遇到这样那样的困难和艰险，这时你是停滞不前还是继续攀登呢？俗话说"不畏浮云遮望眼，自缘身在最高层"，只有站得高才能望得远。这就告诉我们，如果想要看得更远，就必须冲过艰难险阻。

当然，人生的困难和考验，未必是真正的痛苦和坎坷，有时候我们要冲破的是自己的思维障碍，要勇敢地提出疑问，大胆地发表自己的意见，坚持自己的做法。

老板招聘雇员，有三人应聘。老板对第一个应聘者说："楼道有个玻璃窗，你用拳头把它击碎。"应聘者执行了，庆幸那不是一块真玻璃，不然他的手就会严重受伤。老板又对第二个应聘者说："这里有一桶脏水，你把它泼到清洁工身上去，她此刻正在楼道拐角处那个小屋里休息，你不要说话，推开门泼到她身上就是了。"这位应聘者提着脏水出去，找到那间小屋，推开门，果然见一位女清洁工坐在那里。他也没说话，把脏水泼在她头上后回头就走，向老板交差。老板此时告诉他，坐在那里的不过是个蜡像。最后老板对第三个应聘者说："大厅里有个胖子，你去狠狠击打他两拳。"这位应聘者说："对不起，我没有理由去击打他，即便有理由，我也不能用击打的方法。我可能因此不会被您录用，但我也不愿意执行您这样的命令。"此时，老板宣布，第三位应聘者被聘用，理由是他是一个勇敢的人，也是一个理性的人。他有勇气不执行老板的荒唐命令，当然也更有勇气不执行其他人的荒唐命令。

勇敢的定义只有一个，但勇敢的表现却可能多种多样。勇敢不仅仅是不惧怕面对危险，也可以是敢于战胜内心的怯懦，敢于维护自己和他人的利益。在上面的故事中，前两个人对老板的不正当要求没有任何质疑，也没发现有何不妥，只知道老板交代做什么就做什么，然而他们的言听计从并没有得到老板的赏识，反而第三个没有执行他命令的人，得到了他的认可。这就告诉我们，缺乏理性的勇敢是没有意义的，也不是真正的勇敢。

对于还在上学读书的孩子来说，对老师、家长、同学的言语是否有分辨能力，是否能够坚持做对的事，不盲目顺从，也是评断一个人是否勇敢的标准。勇敢是一个褒义词，它所体现的是一种好品德。人们教育孩子时常说要做勇敢的好孩子。但勇敢确实还有一个是与非的前提。不分是非、没有理性地绝对执行命令的勇敢是一种可怕的勇敢，也是一种愚蠢的勇敢，是一种专制者欣赏和欢迎的勇敢，而坚持真理，敢于同谬误、同荒唐、同发疯对抗的勇敢——理性的勇敢，才是最值得称道的勇敢。

在这个世界上，就勇敢而言，绝对执行命令的勇敢多，而敢于抗拒执行荒唐命令的勇敢少。这是因为权力者一般都竭力提倡、培养、制造绝对地执行这种勇敢，而对敢于抗拒自己荒唐命令的勇敢深恶痛绝，即便他发现自己的荒唐以后，对那些敢于抗拒自己荒唐的勇敢者也绝不宽恕，以致有些明明是错误的东西，是荒谬的东西，是反科学的东西，是违法违纪的东西，因为是权力者指使，因为有权力者撑腰，有的人也敢去执行。

人生的大山需要我们一步一步、脚踏实地去攀越，而克服这座山是一个很漫长的过程。不同的人速度不同，有的人用一生的时间也未能到达顶峰，有的人则知难而退，自动退出，只有极少的人能顺利到达顶峰。只要你勇于攀登，就能看见无限风光。

人性闪光点：

不怕冒险就是勇敢，不畏首畏尾就是勇敢加果断。勇敢有很多种，它无时无处不存在于人们的生产和生活中。尝遍百草的神农是勇敢的，第一个吃螃蟹的人是勇敢的，董存瑞炸碉堡是勇敢，黄继光堵枪眼是勇敢，韩信忍胯下之辱是勇敢，勾践卧薪尝胆是勇敢，质疑真理是勇敢，有原则并能坚持原则是勇敢，能正视问题、错误并能承担责任是勇敢，能够选择放弃的同样是勇敢的。

Part 11
爱找借口：告诉孩子不找借口才能找到出口

本质分析

在生活和工作中，我们经常会听到这样或那样的借口。借口在我们的耳畔窃窃私语，告诉我们不能做某事或做不好某事的理由，它们好像是"理智的声音""合情合理的解释"，借口无处不在。借口就是一块敷衍别人、原谅自己的挡箭牌，就是一台掩饰弱点、推卸责任的万能器。有多少人把宝贵的时间和精力放在了寻找合适的借口上，而忘记了自己的职责和责任。由此可知，做事总是推脱找借口的人不会有很大的突破。

实际表现

（1）完美心态。因为每次完成任务都不能让自己满意，所以干脆不完成。

（2）我太忙。我一直拖着没做是因为我一直很忙。

（3）顽固。你催我也没有用，我准备好了自然会开始做。

（4）操控别人。他们着急也没用，一切都要等我到了才能开始。

（5）对抗压力。因为每天压力很大，所以要做的事情才一直被拖下来。

（6）受害者心态。我也不知道自己怎么会这样，别人能做到自己却做不到。

Part 11　爱找借口：告诉孩子不找借口才能找到出口

懒惰的孩子总喜欢找借口

我们都知道，借口是懒惰、拖延的温床。有些懒惰的人是制造借口与托词的专家。每当他们要付出劳动，或要作出抉择时，总会找出一些借口来安慰自己，让自己轻松些、舒服些。这类人无法作出承诺，只想找借口。他们总是为了不做某些事而制造借口，或想出千百个理由为事情未能按计划实施而辩解。

在生活和工作中，我们经常会听到这样或那样的借口。借口在我们的耳畔窃窃私语，告诉我们不能做某事或做不好某事的理由，它们好像是"理智的声音""合情合理的解释"。上课迟到了有借口，事情做砸了有借口，任务没完成也有借口。只要有心去找，借口无处不在。做不好一件事情，完不成一项任务，有成千上万条借口在那儿响应你、声援你、支持你，抱怨、推诿、迁怒、愤世嫉俗成了最好的解脱。借口就是一块敷衍别人、原谅自己的挡箭牌，就是一台掩饰弱点、推卸责任的万能器。有多少人把宝贵的时间和精力放在了寻找合适的借口上，而忘记了自己的职责和责任。

借口唯一的好处，就是把属于自己的过失掩饰掉，把自己应该承担的责任转嫁给社会或他人。这样的人，注定只能是一事无成的失败者。

试想，如果你与某人约好时间见面，而他迟到了，见面张口就说"路上车太多了"或者"我在门口迷路"等，你会怎么想？生活中只有两种行为：

要么努力地表现，要么不停地辩解。没有人会喜欢辩解的，那些动辄说"我以为、我猜、我想、大概是"的人，一般都不会有什么突破。

当然，我们并不能解决路上堵车的问题，我们也不太可能等外部条件都完善了再开始工作，但就是在这种既定的环境中，就是在现有的条件下，我们同样可以把事情做到极致！我们无法改变或支配他人，但一定能改变自己对借口的态度——远离借口的羁绊，控制借口对自己的影响力，坚定完成任务的信心和决心。越是环境艰难，越要敢于承担责任，锲而不舍，坚韧不拔，这样才能消除借口这条寄生虫的侵扰。很多借口其实都是我们自己找来的，我们完全可以远离、抛弃它们。

凡事都留到明天处理的态度就是拖延，这是一种不好的生活习惯。奇怪的是，经常喊累的拖延者，却可以在健身房、酒吧或购物中心流连数小时而毫无倦意。但是，看看他们上学的模样，你是否常听他们说："天啊，真希望明天不用上学。"带着这样的念头从健身房、酒吧、购物中心回来，只会感觉生活压力越来越大。

为什么有的人如此善于找借口，却无法将自己的事做好，这的确是一件非常奇怪的事。因为不论他们用多少方法来逃避责任，该做的事还是得做。而拖延是一种相当累人的折磨，随着完成期限的迫近，压力与日俱增，这会让人觉得更加疲倦不堪。

找借口是人的惰性在作祟，而借口是对惰性的纵容。人们都有这样的经历，清晨被闹钟从睡梦中惊醒，想着该起床上班了，却舍不得离开温暖的被窝，一边不断地对自己说"该起床了"，一边又不断地给自己寻找借口"再睡一会儿"，于是又躺了5分钟甚至10分钟……

对付惰性最好的办法就是根本不让惰性出现。千万不能让自己拉开和惰性开战的架势。往往在事情的开端，总是先产生积极的想法，然后当头脑中冒出"我是不是可以……"这样的问题时，惰性就出现了，"战争"也就开始了。一旦开战，结果就难说了。所以，要在积极的想法出现的时候就马上行动，让惰性没有乘虚而入的可能。

超越平庸，选择完美。这是一句值得我们每个人一生追求的格言。生活中如此，做人也如此。有无数人因为养成了轻视工作、马虎拖延的习惯，以及对手头上的事敷衍的态度，导致一生处于社会底层，不能出人头地。

行动是治愈恐惧的良药，而犹豫、拖延不断滋养恐惧。

——列夫·托尔斯泰

测一测：你是个喜欢找借口的人吗？

你平常和人约会容易迟到吗？

A.我通常早到，比较少发生迟到

B.时间应该充裕，可是总会不小心耽搁

C.我没有时间观念，迟到常常发生

测试结果：

选A的人，喜欢找借口指数30%

你本身比较务实、理性，不会好高骛远，做事也是一步一个脚印，是属于脚踏实地、埋头苦干型的人物。你对自己的实力也很有信心，不需要额外的力量来包装自己，所以就算是犯错，你也能够承认自身的错误，不会找借口推脱。不过除了知错外，还要能改错。

选B的人，喜欢找借口指数50%

平常小事中偶尔犯错自是无伤大雅，可是关键就在于某些很重大的事情发生问题时，你是怎样的态度。你喜欢建立自己某方面专业的形象，可是往往

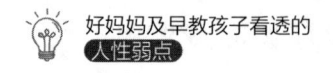

没考虑到失败及犯错的风险，使得"千年道行一朝丧"，因为在很重要的时刻推卸责任会使大家瞧不起你。人非圣贤，不要把自己神化，自然也就能以平常心看待。

选C的人，喜欢找借口指数80%

你推卸责任似乎已经上瘾了，就算是小事情你也喜欢找理由为自己辩护，即使心里不喜欢这样的自己，却怎么也改不掉。别人嘴上虽不说，可是会从心里不相信你这个人，也会让你错失很多工作或是机会。要想补救，只有建立自己在专业领域的权威与信心，才可能逆转旁人对你的态度。

Part 11 爱找借口：告诉孩子不找借口才能找到出口

告诉孩子懦弱的人才总给自己找借口

任何借口都是推卸责任，在责任和借口之间，选择责任还是选择借口，体现了一个人的生活态度。有了问题，特别是难以解决的问题，可能让你懊恼万分。这时候，有一个基本原则可用，而且永远适用。这个原则非常简单，就是永远不放弃，永远不为自己找借口。

美国成功学家格兰特纳说过这样一段话："如果你有自己系鞋带的能力，你就有上天摘星的机会！"一个人对待生活、学习的态度是决定他能否做好事情的关键。首先改变一下自己的心态，这是最重要的。很多人在生活中总是寻找各种各样的借口来为遇到的问题开脱，并且养成了习惯，这是很危险的。

在日常生活中，常听到各种借口：上学晚了，会有"路上堵车""手表停了"的借口；考试不及格，会有"出题太偏""题量太大"的借口；做生意赔了，也有借口；工作、学习落后了，也有借口……只要有心去找，借口总是有的。

久而久之，就会形成这样一种局面：每个人都努力寻找借口来掩饰自己的过失，推卸自己本应承担的责任。

我们经常听到的借口主要有以下几种类型：

（1）他们作决定时根本不理我说的话，所以这个不应当是我的责任（不愿承担责任）。

（2）这几个星期我很忙，我尽快做（拖延）。

（3）我们以前从没那么做过，或这不是我们这里的做事方式（缺乏创新精神）。

（4）我从没受过适当的培训来干这项工作（不称职、缺少责任感）。

（5）我们从没想赶上竞争对手，在许多方面他们都超出我们一大截（悲观态度）。

不愿承担责任、拖延、缺乏创新精神、不称职、缺少责任感、悲观态度，看看吧，那些看似冠冕堂皇的借口背后隐藏着多么可怕的东西啊！

你要经常问自己，你热爱目前的生活吗？你在周一早上是否和周五早上一样精神振奋？你和同学、朋友之间相处融洽吗？他们是你一起学习、一起游乐的伙伴吗？你对生活满意吗？你每晚是否带着满足的成就感放学回家，又同时准备迎接新的一天、新的挑战、新的刺激以及各种不同的新事物？只要你对以上任何一个问题，回答中有一个"是"字，那么你就可以热爱你的生活。

我们可以把日子过得新奇而惬意，因为生活充满各种机会和选择。但是，我们绝对没有时间尝试所有新鲜刺激的事。因此要满足自己的愿望，得先从你开始。你一定要先了解自己的特点、长处，以及有哪些事是你轻松自如就能做得利落漂亮的。

当出现问题时，若不是积极主动地加以解决，而是千方百计地寻找借口，那么借口就变成了一块挡箭牌。事情一旦办砸了，我们就能找出一些冠冕堂皇的借口，以换得他人的理解和原谅。找到借口的好处是能把自己的过失掩盖掉，心理上得到暂时的平衡。但长此以往，因为有各种各样的借口可找，我们就会疏于努力，不再想方设法争取成功，而把大量时间和精力放在寻找合适的借口上。

任何借口都是推卸责任。在责任和借口之间，选择责任还是选择借口，体现了一个人的生活态度。在生活中，总是会遇到挫折，那我们是知难而进还是为自己寻找逃避的借口？我们不能总是为自己的失败找借口，有了问题，特别是难以解决的问题时，我们可以用这条原则：永远不放弃，永远不为自己找借口。

有一幅漫画：在一片水洼里，一只面目狰狞的水鸟正在吞噬一只青蛙。青蛙的头部和大半个身体都被水鸟吞进了嘴里，只剩下一双无力的乱蹬的腿。可是出人意料的是，青蛙的前爪从水鸟的嘴里挣脱出来，猛然间死死地箍住水鸟细长的脖子……这幅漫画就是讲述这样的道理：无论什么时候，都不要放弃。

不要放弃，不要寻找任何借口为自己开脱。寻找解决问题的办法，才是最有效的原则。你我都曾经一再看到这类不幸的事实：很多有目标、有理想的人，他们工作，他们奋斗，他们用心去想、去做……但是由于过程太艰难，他们越来越倦怠、泄气，终于半途而废。到后来他们会发现，如果当时他们能再坚持一点，如果当时他们能看得更远一点，他们就会终得正果。请记住：永远不要绝望，即使绝望了，也要再努力，从绝望中寻找希望。成为积极或消极的人在于你自己的抉择。没有人生来就会表现出好的态度或不好的态度，主要是自己决定要以何种态度看待环境和人生。

即使面临各种困境，我们仍然可以选择用积极的态度去对待眼前的挫折。保持一颗积极、绝不轻易放弃的心，发掘你周围人或事物最好的一面，从中寻求正面的看法，让自己能有向前走的力量。即使终究还是失败了，也能吸取教训，把这次失败视为朝向目标前进的踏脚石，而不要让借口成为我们成功

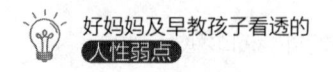

路上的绊脚石。

当你为自己寻找借口的时候，你也许会愿意听听这个故事。

时间是一个漆黑、凉爽的夜晚，地点是墨西哥市。坦桑尼亚的奥运马拉松选手艾克瓦里吃力地跑进了奥运体育场，他是最后一名抵达终点的选手。

这场比赛的优胜者早就领了奖杯，庆祝胜利的典礼也早已经结束，因此艾克瓦里一个人孤零零地抵达体育场时，整个体育场几乎已经空无一人。艾克瓦里的双腿沾满血污，绑着绷带，他努力地绕完体育场一圈，跑到终点。在体育场的一个角落，享誉国际的纪录片制作人格林斯潘远远看着这一切。接着，在好奇心的驱使下，格林斯潘走了过去，问艾克瓦里，为什么这么吃力地跑到终点。

这位来自坦桑尼亚的年轻人轻声地回答："我的国家从两万多公里之外送我来这里，不是派我在这场比赛中起跑的，而是派我来完成这场比赛的。"

没有任何借口，没有任何抱怨，职责就是他一切行动的准则。

不找借口看似冷漠、缺乏人情味，但它却可以激发一个人最大的潜能。无论你是谁，在生活中，无须任何借口，失败了也罢，做错了也罢，再妙的借口对于事情本身没有丝毫的用处。许多人生中的失败，就是因为那些一直麻醉着我们的种种借口。

人性闪光点：

即使面临各种困境，我们仍然可以选择用积极的态度去对待眼前的挫折。保持一颗积极、绝不轻易放弃的心，发掘你周围人或事物最好的一面，从中寻求正面的看法，让自己能有向前走的力量。

Part 12
互相攀比：引导孩子学会积极正面地与人比较

本质分析

　　孩子追求名牌效应的心理，除受社会上高消费的影响外，也与父母自身的审美观、消费观有关。有些父母认为现在生活条件好了，便给孩子买高档衣服，甚至买金项链、金手镯，以此炫耀自家的身份、地位或财富，以满足自己的虚荣心。有的父母宁愿自己省吃俭用，也要让孩子在别的孩子面前"不掉价"。殊不知，这些父母的行为对孩子是一种误导，这样只会助长他们的攀比心理。

实际表现

（1）就因为同学说了"不好看""不是名牌""没有档次"几句话，竟扔掉了妈妈为他买的崭新的书包。

（2）看别人都有手机，自己也要买，一点也不考虑家庭的承受能力。

（3）看别人的智能手表功能强大，觉得自己的普通手表很丢人。

（4）即使是一个笔袋，也要比比看谁的更漂亮、谁的更贵。

（5）看到同学的父母都开车接送他们，而自己却要坐公交车上学，感到自卑。

（6）同学的父母每天给100元零花钱，自己每个星期却只有50元，觉得脸上挂不住，埋怨父母。

告诉孩子,不要和同学盲目攀比

大多数的父母都对孩子寄予了很多期望,也为他们投入了很多时间和精力,当然还有宠爱,因而很多孩子过着衣食无忧的生活。然而环境的不同,使得很多家庭条件稍差的孩子在心理上产生了一种自卑感,尤其看到别的同学什么都有,偏偏自己没有,那份失落和自卑便成了孩子的一块心病。

小学一年级的小男孩皮皮见很多同学都有专车接送上下学,开始恳求做生意的姑姑开车来送自己上学。要求得到满足后,小男孩再也不许自己的父母来接送自己,并跟同学们介绍送他的姑姑是自己的妈妈,还说以前来送自己的妈妈其实是保姆。

一个六七岁的小孩子,为了满足自己的虚荣心,连自己的亲妈都不愿意认,听起来让人寒心。可静下心来想想,这也是孩子的天性使然。孩子本来是单纯的,之所以要攀比大多是因为受到外界的诱导,尤其是来自父母的言传身教。且不说五花八门的物质消费攀比,仅就孩子的教育来讲,父母之间的攀比比比皆是,如比上什么兴趣班、特长班或特色幼儿园、贵族幼儿园等。处在这样的大环境下,白纸一样的孩子不受其影响也难。

然而作为孩子本身,应该认识到这种行为的错误,并积极去克制它的出现。当你非常气愤地注意到和你同上钢琴课的朋友已经能弹奏《月光奏鸣曲》了,自己却连C调音阶还弹不好;当你看到别的同学穿名牌衣服、背名牌书包时，自己却只能天天穿着十几块钱的地摊儿货，心理不平衡是必然的。可是也并不能因此就过分在意，这时候你应该好好想一想为什么别人学得比自己好？是不是自己下的功夫不够？别人的父母有钱，而自己的父母也是省吃俭用在培养自己，那么你的注意力自然会放到学习上，会努力用优异的成绩来回报父母，而不是一味地自卑失落。

当然青少年之所以攀比，还跟心理发展特点有关。孩子在幼儿期就有表现的欲望，当他想得到别人的关注或者感到没有受到足够的关注时，就会用好看的玩具、漂亮的衣服或者受到奖励等行为，来吸引大家的注意。另外，孩子的模仿力和好奇心很强，和小朋友在一起，很容易产生从众心理，这些心理因素都会引发他们的攀比行为。

上了小学，孩子的生活环境发生了很大变化，学习成为他们的主要活动，学习能力上的差别使他们的竞争攀比意识与日俱增。每个孩子都会在不同程度上与其他孩子做对比，有的比物质水平，如看谁的衣服是名牌，看谁的铅笔盒高档，看谁带的钱多，看谁花钱大方等；有的则比家庭条件，如看谁家的房子大、装修档次高，父母当的官大、钱多、车子好，家中生活用品高档等；还有的比外表长相，比荣誉，比谁受老师的喜欢等。

事实上，由于先天条件及后天环境的不同，每个人都有着自己独特的个性和发展潜质。攀比行为不是无缘无故产生的，比如说，因为周围的同学比较追求物质享受，而孩子很从众又缺乏自信心，想靠一些表面上的东西来弥补；性格敏感，太在意自己的形象，可能是因为他受到了同学的嘲笑，从而产生不服气的心理等。我们可以根据不同的原因进行不同的引导，不能一味地贬低孩子，那样只会让孩子产生逆反心理。如果他们的要求在家庭中没有得到满足，心理上还受到了负面的刺激，也许他会寻求外界的"帮助"，这样很容易被一些居心叵测的人利用。

现在很多电视广告都在宣扬物质享受和所谓的"光鲜靓丽",我们要和这些并不切实际的宣传作斗争。不盲目攀比并不容易,这是一个长期斗争的过程。要让孩子明白自己是一名学生,而学生的主要任务是学习,应把主要精力放在学习上。引导孩子在学习、劳动、品德方面与同学展开竞赛,而不是在穿着上盲目攀比。即使家庭条件允许买名牌衣服,也要讲究穿着的环境,上学时以穿校服和其他朴素大方的服饰最为适宜,这样就不会让孩子在穿着上产生优越感,而能与其他同学平等相处。如此循序渐进,就可以慢慢树立孩子正确的消费心理了。

孩子的模仿力和好奇心很强,喜欢新鲜事物,和小朋友在一起,很容易产生从众心理,这些心理因素都会引发他们的攀比行为。

——佚名

测一测:你爱攀比吗?

1.如果你是灰姑娘,有幸遇到一位仙女,你希望她帮你实现哪个愿望?

A.有很多很多钱—3分

B.和原来的故事一样,换一身漂亮的行头去参加王子的舞会—5分

C.报复自己的继母和姐妹—7分

D.得到一个新的身份,到一个新的地方开始一种新的生活—1分

2.你的好友在工作中受到同事的排挤,你会劝她接下来应该怎么做?

A.检查自身有没有什么过失—1分

B.和同事公开挑明—7分

C.向老板报告—3分

D.先默默隐忍,暗中抓住对方的把柄—5分

3.你做了件很大的好事,希望得到哪种类型的奖励或表扬?

A.上电视接受公开表扬—7分

B.获颁纪念奖章或奖杯—5分

C.得到一大笔奖金—3分

D.做好事是你自己想做的,不需回报—1分

4.报纸上最近正在连载一则爱情故事,说的是小A发现自己的好友小C喜欢上了自己的男友小B。如果你是作者,会怎样设定接下来的故事?

A.小A主动退出三人关系—1分

B.小A让小B自己选要和谁在一起—5分

C.小A和小C展开竞争—7分

D.小B主动退出三人关系—3分

5.在路上遇到了一个明星,你会怎么做?

A.上前请他(她)签名、拍照等—3分

B.通过各种渠道告诉朋友你看到了这个明星—5分

C.当作没看见,继续前进—7分

D.不确定对方愿不愿意给你签名之类的,想想还是不要过去了—1分

6.一位朋友告诉你,他(她)在工作上得到了晋升,你向他(她)表示祝贺,下意识你觉得这个朋友和你关系怎样?

A.是我的密友—5分

B.关系很不错的朋友—1分

C.普通朋友,偶尔有来往—3分

D.平时没什么接触,点头之交的那种—7分

7.今年公司年会上抽奖分为一、二、三等奖和普奖,其中一等奖是你一点儿也不喜欢的东西,三等奖是你很想要的东西,你想要哪类?

A.一等奖—7分

B.二等奖—5分

C.三等奖—3分

D.我这个人平时就没什么运气,还是老实点要普奖吧—1分

测试结果:

41分以上:你性格爽朗,勇往直前,充满必胜的信念。你觉得任何对你有竞争性的东西,都是前进道路上需要击倒的对象。大家欣赏你职业性的干劲和斗志,但你常常给身边人一种"整个世界都是竞争"的感觉。不是所有人都愿意做你的假想敌,多给自己和他人一点微笑,不要事事争先,容许自己做第二名。

28~41分:你看起来八面玲珑、甜美可爱,可是你的内心却充满着攀比的想法,总是不自觉地想去和对手一比高下。即使平时不会表现出来,但你成功时的那一抹笑,出卖了内心所有的欲望。不要总想着别人怎样会对你有什么影响,放松一下紧绷的神经会让你获得更多的快乐。

16~27分:你用自己的自然和真诚打动周围人。你在乎的是自己的需求是否得到满足。其实人在社会,哪有不受他人影响,偶尔也会忍不住在心中把不平的事拿来细细比较。你的攀比心恰到好处,但需要注意的是,当你觉得遇到"不公平"的事情时,可以找个人倾诉,这是心理疏通的良药。

7~15分:你天生温柔善良,但不自信,怕被人嘲笑。虽然有不少羡慕的对象,却不敢表达自己渴望一争高下的心态,而通过对自己自嘲或是反向的言行,来转移这种"比"的欲望。要相信自己有成功的资本,适时展现自己的过人之处。

好妈妈及早教孩子看透的
人性弱点

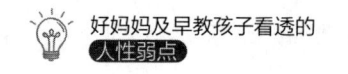

告诉孩子，穷且益坚不坠青云之志

不要为自己的缺点而感到自卑。这是言行举止的最高准则，你的职位越高，这条准则就越有必要。一盎司尊重抵得上一磅才智。尊重是你能赢得的最高赞誉。

有一个农夫弓着腰在院子里清除杂草，因为天气很热，他脸上在不停地冒汗，汗珠一滴一滴地流了下来。农夫越来越累，不禁嘀咕着："可恶的杂草，假如没有这些杂草，我的院子一定很漂亮，为什么要有这些讨厌的杂草来破坏我的院子呢？"

有一棵刚被拔起的小草，正躺在院子里，它回答农夫道："你说我们可恶，但也许你从来就没有想到过，我们也是很有用的。现在，请你听我说几句吧。我们把根伸进土中，等于是在耕耘泥土，当你把我们拔掉时，泥土就已经是耕过的了。下雨时，我们防止泥土被雨水冲掉；干涸的时候，我们能阻止强风刮起沙土。我们是替你守卫院子的卫兵，如果没有我们，你根本就不可能享受赏花的乐趣，因为雨水会冲走你的泥土，狂风会刮起可恶的沙尘。你在看到花儿盛开时，能否想想我们小草的好处呢？"

一棵小草并没有因为自己的渺小而自卑，农夫对小草不禁肃然起敬。他曾经整天埋怨自己的命运不好，一辈子都是农夫，被别人看不起，觉得自己的地位很卑微，如今听了小草的话，他下决心也要消除自卑，做一个自信快乐的人。

俗话说"人无完人",每个人都有自己的长处和短处,拿自己的短处和别人的长处比,就会发现自己不如人家,从而产生自卑情绪。轻者,唉声叹气;重者,一生都在阴影中度过。由于成长环境的不同,我们接收到的信息也存在很大的差异,学到的本领和能为社会贡献力量的大小也不尽相同。只要我们有付出,就应该得到尊重。

不要把自己想成一个失败者,而要尽量把自己当成一个赢家。实际上,只要你专注努力,大部分事情你都可以做好。克服了自卑的情绪,才能找到自信,从而成为一个受人尊敬的人。

自卑说坏也不全坏。你自卑,是因为你有自尊心,并意识到了自己和别人的差距,至少意识到了自己的不足。如果加之努力,克服困难,或许它反而会成就你。

有一位刘小姐,大学毕业后加入某服饰公司工作。被分配到经理部的她,因为不擅长计算,工作中总是出现或大或小的错误。和同事相比较,她要花费两倍甚至更多的时间做完同样的工作,但即使是这样也经常做得不够出色。为此,她产生了很强烈的自卑感,每天都会为此而烦恼。由于她有这方面的先天缺点,所以在公司开始使用计算机后,领导对她说:"你用手计算的错误比较多,以后就学习用计算机工作吧!"

虽然她有些犹豫,但还是每天准时到计算机学校学习使用计算机的新知识。在短短的一年时间内,她就精通了普通计算机知识,比谁都算得更快、更准确,而领导对她的评价也发生了大转变。一起工作的同事也对她投以羡慕的目光:"真羡慕你能够操作计算机,如果我也先学计算机该有多好呀!"

不仅如此,在实施网络化作业的时候,刘小姐成了该计划的直接领导者,带领大家很顺利地完成了公司局域网的建设。

许多人总是过于追求完美，处处严格要求自己，因此在发现自己的短处和缺点时就会耿耿于怀、瞻前顾后，时间一长，就形成了一种自卑怯懦的性格。通常，怀有自卑情绪的人总是认为"我不行""我比别人差""我不能胜任这份工作"……这种在还没有开始的时候就给自己宣判死刑的做法是十分不妥的。实际上，每个人都有自己的优点和缺点，取人之长、补己之短，经过自己加倍的努力，每个人都可以很出色。只有从心里克服自卑，别人才会尊重我们，才会看到我们的长处。

所以，为自卑而感到烦恼的人，就应该像刘小姐一样，将自己擅长的东西表现出来，即使其他地方比别人稍弱一些，也是无关紧要的了。用自己的努力和专长赢得他人的尊重，找到属于自己的位置，这是走向成功之路必不可少的。

☞ **人性闪光点**：

现在大多数人闲着无聊的时候，总爱和别人比这比那。每个人都有自己的缺点和优点，何必浪费时间去和别人作比较呢？不要和别人攀比，别人有别人的生活，你有你的目标，幸福的形式是多样的。鞋子合不合脚，只有穿鞋的人知道，别人都只是毫不知情的旁观者而已。

Part 13
表里不一：让孩子学会真诚对待身边的每个人

本质分析

表里不一是说表面和内心不能保持一致的人。有些人说出来的话很好听，给别人的感觉也不错，但是背地里却做一些有损于他人的事情。这样的人是不会有人真心去和他交往的，因为每个人都希望和真诚的人交朋友。因而我们千万不能做表里不一、心口不一的人，要用真心去打动身边的人，结交要好的朋友。

实际表现

（1）人前一套，背后一套。表面与人交好，背地里给人使绊儿。人前做善人，背地里却干尽坏事。

（2）当着老师就好好表现，老师不在就散漫偷懒。

妈妈别做孩子表里不一的坏榜样

九岁的媛媛在外人看来是个可爱的孩子。她见到外人就会腼腆地笑,并且非常懂礼貌。

在老师面前,媛媛是个懂事、听话的孩子,学习成绩也很好,课间也总是认真学习,偶尔与同学玩耍也很懂礼貌。与同学相处也很大方,很多同学都喜欢跟她交往。

但是,令妈妈费解的是,媛媛在家里的表现却与在学校的表现大相径庭。在家里,媛媛处处以自我为中心,要求父母都听她的,不管她做什么事情,父母都不能说她,只要一说她,她就开始大发脾气,而且犟得跟牛似的。另外,媛媛除了学习,什么事情都不干,包括自己的小房间都是妈妈替她打理的。而且,她还在妈妈面前撒谎,喜欢把责任推给别人。有一次,奶奶来媛媛家住了几天,媛媛总说奶奶偷吃她的东西。她自己打破了花瓶,还把责任推到奶奶身上。

媛媛这种两面派,人前一套、背后一套的做法让人十分头痛,父母对她是又气又恨,却也无计可施。媛媛到底是怎么了呢?

从心理学角度来看,媛媛是一个具有双重性格的孩子。当她处于一个陌生的环境时,会表现出谦虚、有礼貌的一面,而在自己熟悉的环境中,就会把自己性格中的缺点完全暴露出来,她的性格是随环境而变化的。媛媛的这种性格主要还是由于家庭教育的偏颇造成的,父母对孩子溺爱,对一些小错误不及时纠正,不能够严厉地指出孩子的错误行为,时间久了便形成孩子在家里有恃无恐、肆意妄为的性格。表里不一的孩子在人际交往中往往不被人喜欢,因而一定要及时纠正这种性格。具体该怎么做呢?

第一,父母应该以身作则。父母是孩子最好的老师。父母的一举一动甚至一个眼神都有可能对孩子造成终生的影响,因而在日常生活中父母一定要注意为孩子做出正确的榜样和示范。千万不可当着别人的面夸赞别人,背地里当着孩子又说别人的不是,这样孩子有样学样,也就很容易成为表里不一的人。尽管你或许并不是表里不一的人,只是为了面子或者发泄下不满才那样做了一次,但是很可能就这一次却让孩子走上了错误的道路。

第二,父母要时刻关注孩子,及时纠正其思想和行为上的错误。每个父母都是关心孩子的,然而很多父母在孩子的衣食住行上面付出了很多,却对孩子的思想不闻不问。孩子想什么,为什么去做一件事,父母很少去深究,久而久之孩子就跑到偏颇的路上了。因此,对孩子思想行为的关注往往比对吃穿上的关心更为重要,因为这关系着孩子的健康成长。

第三,教育孩子要用爱心感化,而不是打骂、责备。爱是教育孩子的前提,任何问题在爱面前都会变得渺小和不堪一击。每个人都会犯错,更何况孩子。孩子遭遇误解的时候,父母应该信任孩子,给予理解。父母对孩子的爱应是无条件的,在孩子犯错误时,父母应该批评的是孩子的行为,而不是孩子本身。只有做到这一点,孩子才会感受到父母的爱。

第四,发现孩子的闪光点。天生我材必有用,每个孩子都有自己特殊的本领。父母应细心观察孩子,发现孩子的闪光点并加以引导,让孩子循着一条健康快乐的成长之路生活下去。

父母应该营造一个宽严适度的家庭氛围，溺爱、过分严格对孩子来说都不是好事。

——佚名

测一测：

时光不等人，为了在自己老去之前留下自己所有美好的记忆，你和闺蜜决定给自己拍一套个人写真，你会选择在什么样的地点拍摄呢？

A.通常没什么路人的漂亮风景区

B.坚持要在自己家里拍，会比较有安全感

C.专业的摄影棚，比较有明星的感觉

D.跟着摄影师的建议走好了

测试结果：

选择A：生性浪漫的你，性格里多变的成分比较大。无所谓表里，你的性格就好像多变的天气一样让人难以琢磨，随着你的心情毫无预兆地变化，很多时候还会很情绪化。你这种多变的性格让身边的人很是困惑，当然同时也为你吸引到不少因为好奇慕名而来的桃花运和特别的运气哦！

选择B：天真的你简直就是表里如一的代言人。率直的你在慢慢成熟之后也会懂得根据人情世故相应地变通和学会缓和婉转地与人相处，但是在内心深处你还是一个纯真的小孩子，而且爱憎分明。比如说如果你发现有人撒谎，即便当时碍于大局没有揭穿，你也会从此不给对方好脸色看。

选择C：选择这个选项的你可以说是典型的双重性格。由于各种各样的现实压力，你会将自己的真实想法埋藏在内心深处，见人说人话、见鬼说鬼话是你的习惯风格，这不是说你故意要去欺骗谁。但是如果你想要的话，别人就可能被你骗得团团转而不自知。

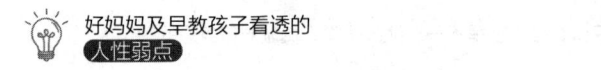

选择D：选择这个选项的你是不折不扣的面具高手。灵活而又非常有战略思维的你非常清楚如何将自己的魅力和能力借助他人之力最大化地发挥出来。你会冷静地、因人而异地变换你的角色和形象，而且适应能力非常强。希望你能保持善良，不然你身边的人可就遭殃了。

告诉孩子诚信是立世之根基

人与人相处的底线是真诚,我们只有真诚地对待他人,才能更好地相处。有的人总是抱怨他人对自己不真诚,不用心和自己交朋友,那此时就要问自己,你用真心去对待别人了吗?你用你的真诚去感化别人了吗?别人感受到你的真诚了吗?

随着时代的发展,人们的生活水平、生活质量都有了很大的改善,但一些与时代不符的东西也随之出现了:人们变得越来越现实,越来越世俗,对物质的需求越来越高,对财富越来越看重,反而忽略了做人的根本——诚信!很多人认为,人与人之间的交往更看重的是谋略、技巧,殊不知,在诚信面前,这些东西都是苍白的!我们可以非常现实地想一想,如果人与人之间失去了最起码的诚信,有谁还会相信你,还会与你共事、跟你合作?

亚伯拉罕·林肯是美国最伟大的总统之一,他领导北方军队取得了南北战争的胜利,解放了成千上万的黑奴。在他担任总统之前,关于他的故事已经广为流传,他诚实守信的品质更是堪称典范。林肯年轻时做过店员,有一天,一位妇女来商店买东西,她付了2美元6美分,然后就离开了。林肯对自己刚才的计算结果又算了一遍,结果发现那位妇女所买的东西应该是2美元。

"我让她多付了6美分。"林肯心里非常不安。其实那位妇女下次还会来买东西,林肯完全可以到时把钱还给她。但是林肯非常尽责,他决定下班后立即把钱送还。那位妇女住在两三英里之外的地方，下班后天已经黑了，路很难走。然而，这并没有动摇林肯的决心，他独自一人步行到那位妇女的家，把钱如数还给了她。

一个人要想在竞争日益激烈的社会中立身处世，就应该明白拥有诚信是非常重要的，这是一个人名誉的根本，也是人的深层魅力所在。中国有句古话"君子一言，驷马难追"，说的就是做人应该讲究诚信。

在生活中、工作上，人们都离不开诚信，不讲诚信就会失去朋友，甚至亲人；不讲诚信，就不会拥有自己的事业……所以，我们每一个人都应该努力把诚信这个传统美德保留在自己身上，让它在自己的心中发芽、开花，最终结出丰硕的果实。

诚信是阳光的寓所，没有它，生活的意义便被黑夜劫掠；诚信是无言的歌，它不相信动听的谎言能够结出甜美的果；诚信是闪光的金子，是世间万物的源泉，是做人的准则……

诚信可以造就人世间最美好的一切，只要我们做到了诚实守信，我们就有可能收获人生丰硕的成果。那么，我们应该如何做到诚信呢？答案只有一个：言必行，行必果！

在面对诱惑时，不怦然心动，不为其所惑，虽平淡如行云，质朴如流水，却让人领略到一种山高海深，这就是那种闪闪发光的品格：诚信。在生活中，有太多太多的人渴望成功，但是，成功却并不像人们想象的那样召之即来。有时候，成功已经在望了，可是在一眨眼间，成功又远离了我们！为什么会这样？因为仅仅依靠一个人的力量，在当今社会是很难取得成功的，只有很多人一起努力，才有可能获得大家都梦寐以求的成功。当我们付出了全部激情和力量，已经成功在望时，往往还缺少一点向前迈进的力量。这时候，我们就需要其他人的支持和帮助，只需要他们轻轻地推一把，我们就会抓住成功的尾巴！

而要想做到这一点，就必须让大家的关系更加和谐，彼此更加亲密无间，这就要求我们首先要做一个诚实守信的人。因为在这个世界上，只有诚实，才能成为人与人之间的润滑剂；只有诚实，才能为我们的成功插上飞翔的翅膀！

☞ **人性闪光点**：

对待朋友，我们要真诚，不要有所隐瞒，这样才能得到朋友的信任。不要总是去猜测别人，相信他人就是相信自己。你用真诚的心去对待他，他终究也会用真诚的心去回报你的。真正的友谊建立在真诚之上，没有真诚还谈什么友谊，还谈什么朋友。真诚在朋友之间是多么的重要，付出了真诚我们就会得到真正的友谊。

Part 14
苛求完美：让孩子明白人无完人的道理

本质分析

"完美主义"是指对事物要求尽善尽美，愿意付出很大的精力把它做到天衣无缝。可见，完美主义并不完全是坏东西，对于某些人和职业还是很必要的，比如音乐、美术、服装设计等。但是如果对周围的一切事物都追求尽善尽美的话，就脱离了现实，容易引发自卑等心理问题。所以，不要过分地追求完美。

实际表现

（1）出门前要全方位检查自己的衣服、头发、鞋子、手等，不允许一点瑕疵的存在。
（2）所有的事情都想做，也都想做好，然而时间有限、精力有限。
（3）笔袋质量没问题，只是有了几道圆珠笔的划痕就要换新的。

如何引导有缺陷的孩子远离自卑的泥潭

事事追求完美的你有没有过这样的体验？面对比自己学习好的同学，不知道该怎样与之相处；面对比自己漂亮的同学，不敢轻易抬眼看；面对家里有钱有势的同学，你会自动与之保持距离；面对老师的提问，你思考再三，明明自己知道答案，偏偏不敢举起右手……如果你真的有这样的感觉，那么说明你已经步入了自卑者的行列。

在心理学中，自卑属于性格上的一种缺陷。自卑，即一个人对自己的能力、品质等作出偏低的评价，总觉得自己不如人，进而变得悲观失望、丧失信心等。在社交中，具有自卑心理的人孤独、离群、缺少自信心和荣誉感。当受到周围人们的轻视、嘲笑或侮辱时，这种自卑心理会大大加强，甚至以畸形的方式，如嫉妒、暴怒、自欺欺人等表现出来。自卑是一种消极的心理状态，是实现理想或某种愿望的巨大心理障碍。因此，不管怎样我们都要克服自卑，使自己强大起来。

美国总统罗斯福是一个有缺陷的人，小时候脆弱胆小，在学校课堂里总显出一种惧怕的表情。他呼吸就好像大喘气一样，如果被喊起来背诵，他立即会双腿发抖，嘴唇颤动不已，回答起来含含糊糊、吞吞吐吐，然后颓然地坐下来。由于牙齿的暴露，他也没有一副好的面孔。

像他这样一个小孩，自我感觉一定很敏感，常会回避同学间的任何活动，不喜欢交朋友，成为一个顾影自怜的人！然而，罗斯福虽然有这方面的缺陷，却有着奋斗的精神——一种任何人都可具有的奋斗精神。事实上，缺陷促使他更加努力。他没有因为同伴对他的嘲笑而减弱勇气。他喘气的习惯变成了一种坚定的嘶声。他用坚强的意志，咬紧自己的牙床使嘴唇不颤动而克服他的惧怕。

没有一个人能比罗斯福更了解自己，他清楚自己身体上的种种缺陷。他从来不欺骗自己，认为自己是勇敢、强壮或好看的。他用行动来证明自己可以克服先天的障碍而获得成功。

凡是他能克服的缺点他便克服，不能克服的他便加以利用。通过演讲，他学会了如何利用一种假声，掩饰他那无人不知的暴牙，以及他的打桩工人的姿态。虽然他的演讲中并不具有任何惊人之处，但他没有因自己的声音和姿态而遭遇失败。他没有洪亮的声音或是威重的姿态，他也不像有些人那样具有惊人的辞令，然而在当时却是最有力量的演说家之一。

罗斯福没有在缺陷面前退缩和消沉，而是充分、全面地认识自己，在意识到自我缺陷的同时，能正确地评价自己，并顽强地与之抗争。不因缺憾而气馁，甚至将它加以利用，变为资本，变为扶梯而登上名誉巅峰。在晚年，已经很少有人知道他曾有严重的身体缺陷。

罗斯福的故事告诉我们，一个从小被人嘲笑和欺负的人，只要坚持自己的理想，不放弃自己，终是可以战胜缺陷的。这世上的人或多或少都存在着缺陷，只是有些人的缺陷不明显或者他们掩饰得很好，你发现不了罢了。对于外表有缺陷的人，可以通过手术来改善，即便手术改善不了的问题，也可以当作一种个性的标志，泰然处之，根本没有必要为此而感到自卑，或者觉得别人会看不起自己。比起那些拿别人的痛楚当作乐趣的人来说，外在的缺陷要比心理的缺陷好得多。一个人如果心灵缺失了，即便外表再美丽，也不会得到大家的认可。

就像有人说的，每一个人都有自己的缺陷，缺陷可以毁掉一个人，更可以成就一个人。有人说，一个人的缺陷有多大，上帝对他的眷顾就有多深。只要他能够跨过缺陷的鸿沟，用勇敢、坚毅、拼搏的精神去挑战自己，他就比常人更易于获得成功。

有残缺不一定就是不完美的，有的时候往往就是因为那么一点的不完美，而让生活充满了未知和感动。

——佚名

测一测：你是一个追求完美的人吗?

测试1：

每个人多少都有追求完美的倾向与需要，希望每件事都尽可能地做到完美。这种心理倾向就属于完美主义心态。你是一个完美主义者吗？用"是"或"否"来回答下面的测试题。

1.你是否只做有把握的事，尽量不碰不会或可能犯错的事？

2.你是否凡事都要争第一？

3.你是否做错了一件事就会闷闷不乐？

4.你是否很在意别人对你的看法？

5.你是否非得把自己打扮得美美的才会出门，即使快迟到了也毫不在意？

6.你是否常常处于神经紧绷的状态，即使在家里也一样？

7.你是否认为如果让别人发现你有缺点，他们一定会不喜欢你？

8.如果事情未达到预期目标，你是否会一直耿耿于怀？

9.当别人赞美你时，你是否觉得他们根本言不由衷？

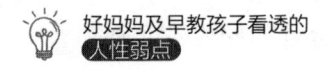

10.你做事是否总希望能做得十全十美？

测试结果：

如果以上10项中，你有8项选"是"的话，你就是一个真正的完美主义者了。

测试2：

在工作和生活中，你是否有时会感到力不从心或充满烦恼？你是否经常被批评"不负责任"？请回答下面的测试题，看看以往对自己的要求是否合理，并据此调整自己的心理状态和行为习惯。

1."要想把事情做得完美，除非亲自去做"，你是否经常这样认为？

　　A.不同意　　　　　B.不确定　　　　　C.同意

2.当进入别人的房间或办公室时，你看见墙上有一张照片挂歪了，你会怎样？

　　A.与我无关，不管它

　　B.告诉主人这种情况

　　C.走过去替主人把照片挂正

3.当有人在你组织的会上迟到了，你会怎样？

　　A.认为问题不大，他可能来时塞车了

　　B.有一些不悦

　　C.表现得很生气

4.在任何一种场合下，当你发现周围的环境脏乱和不整洁，你会烦吗？

　　A.不会

　　B.是的，有时会

　　C.当然，总是不能忍受

5.当你去商店买衣服，你会怎样？

A.仅仅看重的是衣服的功用，因为你正少一件羽绒服过冬

B.并不看衣服的式样和质地，只要价钱合适凑合穿就行

C.哪怕花的钱再多，也要买自己喜欢的衣服

6.当你穿戴整齐打扮妥当准备去一个重要聚会时，你突然发现衣服上有一块污渍，你会怎样？

A.觉得没什么，并继续做该做的事情

B.心里有些烦，但认为看不大出来，就不用换了

C.觉得很不舒服，并马上去换另一件衣服

7.在家里或工作中，你是否要把所有的东西都摆整齐才能静下心来做事？

A.不是　　　　　B.不确定　　　　C.是的

8.有些人在买票、付款或上车时不排队而乱挤，你会怎样认为？

A.不好，但是有些事情会经常发生，管不了那么多

B.这是个不好的习惯，是由于不懂规矩、没有礼貌造成的

C.是一种极讨厌的行为，应该起草有关的法律法规来约束类似行为

9.在与上司谈论你的工作报告时，你会怎样？

A.认为只要与上司说清楚就行，潦草的报告是给自己看的

B.把工作报告尽可能写得清楚让上司看个大概

C.把还是草稿的报告用计算机工整地打出来与上司探讨

10.如果你不幸没有通过一场对于你来说很重要的考试，你会怎样？

A.认为"有得必有失"，不必太在意

B.有些失望，但是可以从头再来

C.晚上失眠、担心，并努力找出自己错在哪里

评分标准：

选"A"得1分，选"B"得3分；选"C"得5分。

测试结果：

10~25分：你不是完美主义者。因为你认为事情做得完美是很没有必要的，也是很困难的。在你可承受的范围内，你对于极端的事情不会感到厌烦。你能使用非常轻松的合理的方式对付大多数事情。你自己不会过分努力把事情做得尽善尽美。由于有时候你低估了自己的能力或是懒惰，有些是你的潜在能力所能完成的事情你反而不能完成。比起身边的人，你的过于轻松会导致自己落后。

26~36分：你追求完美，但不强求自己或别人。你对于生活怀有健康、平和与真实的态度，你知道这是不合理的——希望发生在你身边的所有事情或周围的人都是百分之百的完美。因此你自己会在能力许可的情况下进行补偿，认为这样会变得完美，但还是希望成为一个好相处的人。你的这种生活方式，使你在生活圈里颇受欢迎。

37~50分：可以说你是个追求完美主义的人。你给自己设定的标准很高，你的一切生活都是在自己的控制当中。与那些不能和你有同样标准的人共事对你来说非常困难。你有时会感到沮丧或失意——因为其他人达不到你的要求。你的许多做法令人钦佩，但事事完美会导致你常有一种负罪的感觉或缺乏被人尊重的感觉。尝试稍稍降低自己的标准，试着减轻生活的压力，你会感受到更多的乐趣。

让孩子明白，一味地追求完美反而不美

完美，是每个人都在不断追求的，人们认为只有把事情做到最好才是完美。然而，不知道你有没有想过，过分地苛求完美也有可能会造成遗憾。

有这么一个故事，在遥远的不知名的国家里，国王有7个女儿，这7位美丽的公主是国王的骄傲。她们那一头乌黑亮丽的长发远近闻名，所以国王送给她们每人100个漂亮的发卡。有一天早上，大公主醒来，一如往常地用发卡整理她的秀发，却发现少了1个发卡，于是她偷偷地到二公主的房里拿走了1个发卡；二公主发现少了1个发卡，便到三公主房里拿走1个发卡；三公主发现少了1个发卡，也偷偷地拿走四公主的1个发卡；四公主如法炮制拿走了五公主的发卡；五公主一样拿走六公主的发卡；六公主只好拿走七公主的发卡。于是，七公主的发卡只剩下99个。隔天，邻国英俊的王子忽然来到皇宫，他对国王说："昨天我养的百灵鸟叼回来一个发卡，我想这一定是属于公主们的，而这也真是一种奇妙的缘分，不晓得是哪位公主掉了发卡？"公主们听到这件事，都在心里说："是我掉的，是我掉的。"可头上明明完整地别着100个发卡，所以心里都懊恼得很，可嘴上却说不出。只有七公主走出来说："我掉了1个发卡。"话刚说完，一头漂亮的长发因为少了1个发卡，全部披散了下来，王子不由得看呆了。

故事的结局让人惊诧，七公主因为少了1个发卡而得到了王子的爱慕，

想来从此以后也定会一起过着幸福快乐的日子。俗话说"塞翁失马，焉知非福"。的确如此，前面的六位公主，因为自己少了发卡，全部想方设法地从别人那里偷回一个。她们追求完美的心态我们可以理解，但是偷偷拿别人的东西，却是一种可耻的行为。她们因为1个发卡而失去了纯洁的心灵，到底是得还是失呢？

有一个贫困的樵夫，他每天都要到很远的山上去砍柴，然后到很远的集市去卖掉以维持生计。这一天，他又来到了平时经常去的那座高高的山峰。他在山上砍柴时，忽然发现一个亮闪闪的东西，走近捡起来一看，原来是一块很大很漂亮的玉，他非常喜欢。

回到家，他把这块玉放在桌子上仔细地擦拭。没多久，他的老婆回来了，看到樵夫手里的美玉欣喜不已。不管是自己佩戴，还是典当出售，都是一个很好的处理办法。但是，让她觉得可惜的是，这块玉上面有一些瑕疵。她想，如果能把这些瑕疵去掉的话，这块玉就完美无瑕了，到时候肯定非常值钱。于是，她偷偷地把玉拿到了门外，轻轻地敲掉了一个小角，但是瑕疵仍在；再去掉一角，瑕疵依然有……最后，瑕疵是被去掉了，但玉也被敲得支离破碎了。

现实生活中就有很多这样的人，他们过分追求完美，而其代价往往就是将稍有瑕疵的"美玉"也追求没了。人们往往因为坚持完美而失去了一些他们原本可以拥有的东西，但他们是不可能拥有完美的，尽管他们还在永远找不到完美的地方到处搜寻。想追求完美无缺的事物，本是无可厚非的，然而这种愿望一般情况下是不可能实现的，落空是必然的结局。

完美只是一种理想的状态，是很难实现的。"优点与缺点齐飞，长处共短处一色。""白玉无瑕"是基本不可能的，"瑕不掩瑜"才是正常的心态，才是我们应该追求的。完美是一句极具诱惑力的口号，也是一个漂亮的陷阱，令我们陷进泥潭，我们却以为是席梦思软床。我们就是这样跌进完美自身所造成的误区里，只不过这种误区常常是以漂亮的外表出现，以良好的状态开始作为引导，然后被日后的逞强、虚荣所代替，心理上渐渐地磨出了老茧，而自己却浑然不知。

每个人都追求完美，然而人自一出生起，便没有十全十美的。任何人都或多或少有一些缺点和缺陷。人们总是追求完满的人生，可是试想，如果一个人的一生风平浪静，一路扶摇直上，没有遇到过任何困难和坎坷，那么他的一生又有何意义呢？没有经历过痛苦的人就不知道幸福的喜悦，没有经受过磨难的人就品尝不到成功的快乐。可以说，没有失去、没有缺憾也将是人生的一种缺憾。

如果你是一个完美无缺的人，那么你就不可能去体会追求完美过程中的乐趣，以及成功时候的喜悦，那样的人生将是多么的悲哀啊！正如季羡林先生所说："每一个人都争取一个完美的人生。然而，自古及今，海内海外，一个百分之百完美的人生是没有的。所以我说，不完满的人生才是人生。"

☞ **人性闪光点**：

既然现实不能完美，那我们就不要再苛求完美了，而要学会乐观，不怨天尤人，不斤斤计较，不攀比妒忌，不放弃追求。只有这样，我们才可以过得平和、快乐。

你要相信，世界上每个人都是上帝咬过一口的苹果，都是不完美的。有的人缺陷比较大，是因为上帝独爱她的芬芳！在盛开自己的过程中，你要不断展现自己的力量；在正视缺憾、面对缺憾、战胜缺憾的过程中，让自己不断成熟，摆脱心底的阴云，迎接自信、快乐的彩虹。

Part 15
不愿反省：每天带领孩子上一堂自省课

本质分析

反省是对自身所作所为进行的思索和总结。自己说过的话、做过的事，都是自己直接经历和体验的。对自己的一言一行进行反省，反省不理智之思、不和谐之音、不练达之举、不完美之事，往往能够得到真切、深入而细致的收获。曾子曰："吾日三省吾身。"反省不但要勇于面对自己、正视自己，而且要及时进行、反复进行。疏忽了、怠惰了，就有可能放过一些本该及时反省的事情，进而导致自己犯错。

实际表现

（1）做事很急躁，事前从不考虑。
（2）做事缺乏周密的计划，总是随兴所至，想到什么就做什么。
（3）内心很烦躁，不能冷静地思考自己的所作所为。
（4）没有责任心，不愿承认自己的错误。
（5）十分自大、自负，认为自己的决定万无一失，不会有问题。
（6）做任何事都不给自己留后路。
（7）即使别人提出中肯的意见也不愿意采纳。
（8）没有耐心反思自己所做的事情。

警惕自大和爱抱怨的小毛病

在现实生活中，有些孩子总是不愿反省自己的错误。他们十分自大，认为自己永远是正确的，说话总带着不满意、抱怨别人的口气，好像所有的错误都是别人造成的，和他没有关系。当然，在这个社会中，人与人是一个相互联系的整体，其中难免会有些失误、不快发生，但一味指责别人，不反省自己的所作所为，是一种极端的心理问题，这对他们之后的生活是没有任何好处的。

商纣王是我国历史上有名的暴君。他每天只知道荒淫享乐，不理朝政，被美女妲己所迷惑而不能自拔。在西周的打击下多次失利，却不知道反省。他非常自大，认为自己完全有实力打败西周，如今的兵败只是一时的运气不好，仍然每天沉溺于花天酒地之中。最后因为他不反省自己，不思考自己的国家为什么会如此动荡不安，导致自己的国家被一个诸侯小国打败。

由此可见，反省自己是多么的重要。纣王如果能听信忠言，及时反省，就绝不会走到国破家亡的悲惨地步。盲目的自大让他始终认为自己是强大的，最后都不能认清自己国破人亡的局面，只得淹没在失败的泥潭中，成为历史上的反面事例。

生活告诉我们，世界上没有完美无缺的事物，许多事物常常都是一把双刃剑。也许别人有做错的地方，但通过反省，我们会发现，其实我们自己也有做错的时候。抱怨不是一个好习惯，它让人看问题过于狭隘偏颇，只考虑自己，不顾及他人，甚至满眼只看到别人的缺点，而从不反省自己。

每个人都有两个口袋，一个装别人的缺点，一个装自己的缺点。而人们总是习惯性地把装别人缺点的口袋放在身前，把装自己缺点的口袋放在身后，于是只看到别人的缺点而无法真正看清自己，因此就开始抱怨。具有抱怨心理的孩子，生活中的每件事都会成为他们抱怨的对象，他们的生活中总是充满了很多的不如意。在抱怨中斤斤计较、患得患失，"生活环境太差""休息时间太少""题目太难""老师教得不好"都成了他们学习不好的理由。

其实除了抱怨之外，孩子们也应该学习并修正看事情的角度，认真地反省一下自己。只有懂得反省自己，才能看见自己的缺点，才能看见他人的优点。如果一味地抱怨，一味地攻击，除了制造不愉快外，对自己没有丝毫的帮助。

越王勾践被吴国打败俘虏以后，并没有怨天尤人，而是每天都反省自己失败的原因，发现自己的不足，不断激励自己奋发图强，反省自己应该怎样才能够再一次成为王者。通过几年的反省，他卧薪尝胆，积蓄力量，终于战胜了吴国，成就了梦想，也因此成为一名贤能的君王。

如果越王勾践选择去抱怨自己的臣子、自己的士兵、自己的运气，那么他也会像商纣王一样，陷在失败的泥潭中无法自拔，以致最后慢慢地被历史淹没，成为永远的失败者。但是他与商纣王不同的是，他会反省自己的失败，他知道抱怨别人并不能让他振兴越国，而"反省"这面镜子能让他看到自己的不足，鼓舞他不断前进，推动他走向成功。最终他再次称王，成功地捍卫了自己的尊严。如果没有"反省"，那么这一切可能不会发生。随着时代的不断进步，反省越来越受到人们的重视，每一个孩子都要学会自我反省，它会是你走向成功的好帮手。

能够反躬自省的人，就一定不是庸俗的人。

——布朗宁

测一测：你是否具备自我反省的能力？

当你在很重视的人面前做了一件失败的事时，你有什么感觉？请选出与你想法相近者。

A.恨不得一死

B.看对方的反应再决定是否道歉

C.马上离开现场

D.觉得无所谓

测试结果：

选A：自尊心很强，是个任性的人，过失被发现时，就想否定自己的一切。这种人具有强烈的反省力，但这种能力会影响自己的性格，使自己变得内向而神经质。

选B：认为"人非圣贤，孰能无过"，无论失败或成功不足以改变人生的方向，是个大胆而性格专一的人。

选C：这种人感情脆弱，想到对方不知会怎样批评自己的错误，就觉得世界末日似乎要降临，只想逃避，是个消极、懦弱的人。

选D：个性倔强，对朋友很重感情。是会反省自我、约束自我的人，在责任感和热情的驱使下，常会做出一些轻举妄动的事。

经常带领孩子自我反省，帮助孩子养成自省的习惯

反省，主要是对挫折和失败的思考和总结。邓小平同志指出："过去的成功是我们的财富，过去的错误也是我们的财富。"成功会使你变得更加聪慧，失败会使你变得更加清醒。成功的经验大多相似，失败的原因却千差万别。从失败的教训中学到的东西，往往要比从成功的经验中学到得多，而且更为深刻。

如今的孩子们多了一份自信心，却少了一种自省的精神。他们喜欢得到他人的称赞和夸奖，却很少反省自己的所作所为。反省能帮助我们审视自己，检讨自己的言行，看自己犯了哪些错误，有没有需要改进的地方。如果我们能时常自我反省，就一定会受益匪浅。

有些孩子可能不理解，人为什么要自省？这是因为人不可能都是十全十美的，总会有些不足和缺陷，孩子们因为涉世不深，更缺乏历练，因此常会说错话、做错事而不自知。别人并没有提醒你改正的义务，因此就更需要自己通过反省来改正自己的缺点。

曾子曰"吾日三省吾身"，可能我们现在没有一日三省的时间，但为了让孩子更加优秀，父母还是要抽时间引导、陪伴孩子自我反省：你今天有没有做过什么对人际关系不利的事？你是否说过不得体的话？某人对你不友善是否还有别的原因？今天所做的事情，处事是否得当？自己有没有进步？你的目标

完成了多少？

如果孩子能坚持自我反省，就一定可以纠正不良的行为，把握行动的方向，并保证自己不断进步。看看那些伟人级的政治家、军事家，他们都有反省的习惯，因为有所省才不会迷失方向，才不会做错事。因此反省就格外重要了，如果可能的话，我们更应把反省当成每日的功课。

有些父母和孩子总觉得反省是一件很难的事，觉得无从做起。事实上，自我反省是很简单的，我们随时随地都可以做，也不必拘泥于任何形式。我们可以在深夜独处的时候反省，也可以在心情平静的时候反省。有的人通过日记、冥想等方式来反省，其实这都是很好的方法。孩子们只要能在脑海中把自己做过的事情重新检视一遍，寻找自己的失误就可以。自省并不拘于一种形式，不管我们采用什么样的方式，只要能真正帮助我们改正缺点就可以了。由此可知，一个人之所以能够不断地进步，在于他能够不断地自我反省，找到自己的缺点或者做得不好的地方，然后不断改正。以追求完美的态度去做事，从而取得一次又一次成功。

有一位小伙子，大学毕业后进入一家非常普通的公司工作。公司安排新员工从基层做起。其他新员工都在抱怨："为什么让我们做这些无聊的工作？""做这种平凡的工作会有什么希望呢？"这位小伙子却什么都没说，而是每天都认认真真地去做领导交给的每一项工作，而且还帮助其他员工去做一些最基础、最累的活儿。由于他态度端正，做事情便又快又好。更难能可贵的是，小伙子是个非常有心的人，他对自己的工作有一个详细的记录，做什么事情出现了什么问题，他都记录下来。然后，他很虚心地去请教老员工，由于他的态度和人缘都很好，大家也非常乐于教他。经过一年的磨炼，小伙子掌握了基层的全部工作要领，很快就被提拔为车间主任；又过了一年，他成为部门经理。而与他一起进公司的其他员工，却还在基层抱怨着。

每个人都会做一些平凡的事情，这时候，如果只抱怨他人或环境，就不可能认真去做一件事，也就不可能取得成功。如果一个人愿意把自己放在一个平凡的岗位上，以自我为改变的关键，不断自我反省，找到更好的方法，成功就一定等着他。

尽管生活中会有很多不如意，但仍有很多东西值得我们去反省、去学习。虽然有时结果是不能改变的，但我们可以通过历练而变得慢慢成熟。有些人觉得，年轻就要敢闯敢干，勇往直前，不要回头看，其实并不尽然，反省与年龄无关，并不是只有老人才有资格反省自己的人生，反省对于儿童、青少年也同样重要。虽然我们走过的路不长，但很容易出现失误和差错，为了以后不再犯同样的错误，反省就显得更有必要、更有价值。

实际上，反省也是对别人经验教训的思考和总结。个人的经验教训虽然来得更直接更真切，但其广度和深度毕竟是有限的。要获得更加广博而深刻的经验，还要在反省自身的基础上，善于从别人的经验教训中学习。成本最低的财富就是把别人的教训当作自己的教训。

少年儿童是早晨八九点钟的太阳，在任何一个时代都是社会上最富有朝气、最富有创造性、最富有生命力的群体。经验证明，进步较快的青少年，必定是善于反省的人，反省能使人走向成熟，变得深邃，臻于完善。希望孩子们善于从自己和他人的经验教训中学习，克服自身经验和履历的局限，进而从更广阔、更深厚的大地上汲取思想和经验的营养，使自己更好更快地成长起来。

☞ **人性闪光点：**

自我反省是成长的一个秘诀。一个不会自我反省的人永远也长不大。我们通过反省可以及时修正错误，不断地提高精神信息系统接收信号的灵敏度和准确度，以确保信息系统不致紊乱。学会自我反省的人，就等于掌握了自我完善和健康成长的秘方。

Part 16
爱慕虚荣：小小年纪就爱虚荣的孩子怎么引导

本质分析

爱慕虚荣的意思就是将自身的优点或好处夸大后去炫耀，以致让别人都投来羡慕的目光。这种荣耀不是真正的，是虚假的，是自欺欺人。虚荣，在《现代汉语词典》上的释义是"表面的光彩"。这很容易理解，就是描述一种外在的荣耀、光荣。很显然，这是一个贬义词，不过它的贬损程度并不深，在很多场合、对很多事件的当事人都适用。我们平时也经常用到这个词，说某人爱慕虚荣，就是说这个人很看重表面的东西，不注重内在的修养。

实际表现

（1）期末考试考了倒数第二，但是当别人问自己的时候就说考了第二，殊不知这"倒数"二字，已被虚荣地省去。

（2）父亲开着单位的车送自己上学，当同学问时，说是自己家的。

（3）看着别人的父母不是大款就是大官，便说自己打工的父母在政府部门工作。

（4）非名牌运动鞋不穿。

理性分辨他人言论，不被甜言蜜语冲昏头脑

有点野外生活经验的人都知道，越是鲜艳的蘑菇越是有毒，玫瑰花虽然艳丽绝伦却浑身带刺。别人对你说好话的时候，你一定要仔细听，并学会加以辨别。

或许你很聪明，或许你在某方面很有天赋，老天眷顾你，在人生的起跑线就给予你比别人多的东西，你的成功可能是必然的。然而成功并不是一辈子的，如若只依靠自己的天资不进行后天的训练，或是心浮气躁不再努力，那么你的天赋就是你人生最大的绊脚石。保持空杯心态，时时不忘学习，时时严格要求自己，才是成功的根本之道。

邹忌长得比较帅，有一天他问妻子道："我跟城北的徐公比起来，谁更美些？"妻子答道："当然是你啊，徐公怎么能跟你比呢？"邹忌的小妾和妻子的回答一样："当然是您更美啊，徐公怎么能跟您比呢？"隔天，有位客人来访，客人也这么说。又隔了一天，徐公到邹家拜访。邹忌仔仔细细地打量对方，看来看去，发现自己无论如何也比不过徐公。"明摆着我不比徐公美，为什么妻子、妾及客人偏偏说我比徐公美呢？"最后，邹忌恍然大悟："妻子说我比徐公美是对我的偏爱；妾说我比徐公美是讨好我，怕我不高兴；客人说我比徐公美是因为对我有所求啊！"

所以，当我们被别人赞扬的时候，要考虑到别人拍自己马屁的因素是多

方面的。因为爱，就会有偏袒；因为害怕，就会有不顾事实的讨好；因为有求于你，便会有虚夸。别人对你说的好话，你要仔细思考。如果是真心的赞誉，就要表示感谢；如果是另有图谋的好话，就要保持警惕。

每个人都会有属于自己人生的辉煌顶点，但每个人都注定要从这一点降落，心浮力难继，宁静可致远。著名作家李国文说过："淡，是一种至美的境界。"别太把自己当一回事儿，既是内心祥和、平淡是真、物我两忘的表现，也是一种修养、一种胸怀，更是人生境界的极致。唯有别太把自己当一回事儿，才能超脱心灵，笑看云卷云舒，静观花开花落；唯有别太把自己当一回事儿，才能不失信心，不失乐趣地去成就更伟大的事业。

有一位拥有数家大公司的董事长，他从来不在乎别人对他的称呼——小气财神。他和朋友去餐馆吃饭时，大都随便点一些家常菜。有些人则不行，本来没有别人有钱，却怎么也不敢潇洒地点便宜菜，担心招来轻蔑的眼光。

如果你留心看那些旅游观光的外国客人，他们的穿着打扮，都是很随意和俭朴的，有的简直近于邋遢。事实上，这些人中不乏富豪。

年轻人往往是最爱虚荣的。一个刚赚了一点钱的小伙子，却非要请女友吃高级餐饮，出入高级歌舞厅。有些只租得起十几平方米小房间居住的年轻人，却非要倾其所有积蓄买一辆汽车带着女友兜风。试想，这样的年轻人又怎能不穷呢？越装阔越穷，越穷越装阔，形成了一个跳不出去的贫穷的恶性循环。

如果你现在是"月光族"的一员，请从现在开始制订自己的消费计划，限制不必要的支出。其实这件事做起来，并不像想象中的那么难，甚至不用多久，你就会享受到节制的自豪和快乐。

首先你应该削减自己的支出项目。举例来说，如果你发觉自己每个月都为购买图书资料或支付并不常用的体育馆会员费而开支不小,你就可以尝试着多去公用图书馆、与朋友换书看、以步代车多运动、退掉体育馆的会员等;如果你发现每天的午餐开销太大,你可以隔三差五地带饭或与同事搭伙。千万别小看这些措施,它们往往可以让你轻轻松松地每月减少几十甚至几百元的开支。

如果你不能坚持养成好习惯,好不容易减下去的支出一定又会很快地膨胀起来。为了支出小于收入,形成一些良好的消费习惯是必要的,其中包括:保证每月按时存入比支出数目更多的存款,一般不要通过信用卡支付食品、服装、日常用品或其他娱乐开支。

著名的成功学大师卡耐基,在当年一小时只挣五美分的艰苦环境里,仍然可以计划消费,让自己的生活稍有盈余。所以能否打理好自己的财富,和收入的丰厚与否没有必然的联系,关键在一个人对金钱的看法、对生活的态度。一般来说,若每年都在银行积存薪金的话,已算是一个不错的开始。如果自己想转换工作环境、进修或者创业,手中有一笔钱是相当重要的。

曾经有心理学家说过:欲望像海水,喝得越多,越是口渴。欲望满足不了是一种痛苦,但是满足后也不见得是一种幸福,虚荣亦如此。我们知道,虚荣其实就是灵魂中的痒。痛,可以忍住,而痒却是越挠越想挠的。你在满足虚荣的时候要付出的代价很多时候是不可估量的,这样一路到达人生的终点,是会疲惫不堪的。所以你应该卸去欲望那沉重的包袱,脚步轻盈地走向未来。

没有攀比的欲望,没有急切的求胜心理,就不会产生虚荣心。面对生活,功名、荣誉只是些虚设的头衔,真真实实地走好人生的每一步,才会走得精彩,走得长久。

——佚名

测一测：虚荣心影响了你的人生观吗？

1.你经常停留在商店橱窗前，悄悄欣赏自己的身影吗？

2.你曾经做过整形手术吗？

3.你曾经动过整形的念头吗？

4.你定期花钱保养你的指甲吗？

5.你喜欢欣赏自己的照片吗？

6.度假回来时，你会向别人展示纪念品吗？

7.你很注重衣着打扮吗？

8.你每天梳头超过三次吗？

9.你喜欢戴许多首饰吗？

10.你偏爱名牌手提箱吗？

11.你偏爱名牌衣服吗？

12.跟一个穿着邋遢的朋友走在路上，你会觉得尴尬吗？

13.你希望自己拥有一些头衔吗？

14.你花在打扮和保养上的费用超过预算吗？

15.你喜欢拍许多照片吗？

评分标准：

回答"是"得1分，回答"否"得0分。

测试结果：

10~15分：无可否认，你是个虚荣心相当强的人。你对自己的外表非常在意，在他人面前，无时无刻不在注意自己的仪容，因为你希望自己永远留给别人最佳的印象。

4~9分：你有点虚荣心，还好不算很严重。也许你只是比较在意自己的外表和给他人的印象，你仍觉得人生还有别的事比外表更重要。

0~3分：你这个人，可以说一点虚荣心都没有。即使有些虚荣的人会觉得你很邋遢，但是你一点也不在乎，你宁愿把注意力放在更重要的事情上，也不愿花许多时间和金钱在虚无的外表上。

妈妈有几分淡泊，孩子就有几分淡泊

人生贵在淡泊，古往今来多少名士终其一生都在向往或是操守着淡泊的心境。"采菊东篱下，悠然见南山"，陶渊明算得上是个淡泊者；"一箪食，一瓢饮，不改其乐"，凭着淡泊，颜回成了千古安贫乐道的典范；钱钟书学富五车，闭门谢客，静心于书斋，潜心钻研，著书立说，留下旷世名篇；齐白石晚年谋求画风变革，闭门十载，破壁腾飞，终成国画巨擘。

淡泊是人生的一种坦然，坦然面对生命中的得失；淡泊是人生的一种豁然，豁然对待人生中的进退；淡泊是对生命的一种珍惜，珍惜眼前从不好高骛远。淡泊可以使你真正地享受人生，在努力中体验欢乐，在淡泊中充实自己。

拥有淡泊的人是幸福的，淡泊使人心更加宁静，更加自由，没有羁绊。淡泊是不慕名利，远离喧嚣和纠缠，走向超越。淡泊是在遭受挫折时仍有与花相悦的从容，淡泊是别人都忙于趋本逐利时仍然保持恬静的心态。淡泊是一种修养、一种气质、一种境界。

淡泊的人生是一种享受，守住一份简朴，不再显山露水；认识生命的无常，时刻保持一种既不留恋过去，又不期待未来的心态。宠辱不惊，去留无意。走一程蓦然回首，你会发现，其实幸福离你只有一个转身的距离。淡泊人生并非消极逃避，也非看破红尘，甘于沉沦。淡泊是一种境界，要做到真正的淡泊，没有极大的勇气、决心和毅力是做不到的。

唐朝著名高僧慧宗禅师特别喜欢兰花，于是带着一群小和尚辛勤栽培。第二年春天，漫山开遍了兰花，小和尚们都高兴得合不拢嘴。不料一场暴风雨之后，漫山的兰花被乱七八糟地打倒在稀泥里，花朵撒了一地。

小和尚们看到后都忐忑不安地等待高僧的数落，哪知高僧却平心静气地说："我栽花是为了寻求爱好和乐趣，而不是要得到愤怒和埋怨。"小和尚们顿时醍醐灌顶，不由得钦佩高僧宽广的胸怀。

是啊，只要我们将那些快乐的兰花栽种于心田，拥有了兰心蕙质，我们的心境一定会盈满幸福与快乐、安详与宁静。

在生活中要放下思想包袱，不必为找不回来的东西徒劳，更不要为它心累。换句话说，千万不要把不愉快的心情堆积在心里，给心灵做个大扫除，把沉重的东西统统丢掉，轻装上阵，用轻松的心情迎接每一天。

时间的流逝，我们无法抗拒。然而这个世界有太多的诱惑，有太多欲望满足不了的痛苦。一个人要以清醒的心智和从容的步履走过岁月，他的精神中必定不能缺少淡泊。否则，他不是活得太忧郁，就是活得太无聊。淡泊，不是不求进取，不是无所作为，不是没有追求，而是以纯美的灵魂对待生活和人生。"不以物喜，不以己悲"，让我们的心境离尘嚣远一点，离自然近一点，淡泊就在其中。这或许是人生的另一个境界，能做到的人又有几个呢？

淡泊人生，生命难得恬淡，难得从容。得之淡然，失之坦然。

人生本来极短，像流星划过天空一样。赤条条来，又将赤条条去，这么短暂的人生，何必为世间物所累？

有位年轻人在岸边钓鱼，旁边坐着一位胡须花白的老人，也在钓鱼。两个人坐得很近，奇怪的是老人总有鱼儿上钩，而年轻人一整天都没有收获。

年轻人终于沉不住气了，问老人："我们两人的钓饵相同，地方也相邻，为什么你能轻易地钓到鱼，我却一无所获？"

老人一笑，从容地答道："你是在钓鱼，我是在垂钓。你钓鱼的时候，只是一心想得到鱼，目不转睛地盯着鱼儿有没有吃你的鱼饵，所以你看见鱼不上钩就心浮气躁，情绪不断发生变化，鱼儿都被你的焦躁情绪吓跑了。而我呢，我是在垂钓，垂钓跟钓鱼不一样。我垂钓的时候，只知道有我，不知道有鱼，鱼来我也不喜，鱼去我也不忧。我心如止水，不眨眼，也不焦躁，鱼儿感知不到我，因此也没必要逃跑。"

老人所说的是一种境界，钓鱼是一件修身养性的事，老人恰恰就做到了这一点。老人的一番话是针对钓鱼事件本身所说的，但引用到生活中，也不失为睿智的人生哲学。人的一生中兴衰荣辱，得失进退，谁也不能掌控，唯有保持一份淡泊的心境，才可以在人生的大起大落中免受伤害。

拥有一份淡泊的心境，不是做现实主义的逃避者，而是在工作和学习之余，多一份清醒、多一份思考。人生在世，往往不会一帆风顺，有进有退，有荣有辱，有升有降，有高潮，也有低谷。如果我们认识到平淡是真的道理，在任何时候就都会保持心理平衡，作出明智的选择。

人生短暂，与浩瀚的历史长河相比，世间的一切恩恩怨怨、功名利禄皆为一瞬。福兮祸之所伏，祸兮福之所倚，大可不必太在意人生历程的潮涨潮落。只要悟透了其中的禅机，便会豁然开朗。

平淡的日子不会永远平淡，只要怀有淡泊的心境和一生一世永不放弃的追求，定能获得生活馈赠的那份欢乐和成功给予的那份慰藉，谱写出生命中最璀璨辉煌的乐章。

做人要有几分淡泊，淡泊是一种豁达的心态，是一份明悟的感觉。淡泊为人，才能活得自我，才能把自己的本色演绎得精彩。

Part 16 爱慕虚荣：小小年纪就爱虚荣的孩子怎么引导

☞ 人性闪光点：

有些人总活在金钱的阴影下，即使拥有得再多也不会觉得幸福；还有一些人虽然不会那么光鲜亮丽，但是很知足很快乐。虚荣的人总是追求一些奢侈的东西，拥有了一个名牌的包，又想要一瓶名牌的香水；已经有了1克拉的钻戒，又想要个2克拉的项链……可那又能给你带来多大的快感？奢侈的背后又是什么？在你寻求虚荣的过程当中，你已不知不觉失去了自己的尊严。

参考文献

[1]弗朗西斯科·阿尔贝隆.尼看透人性的弱点[M].重庆：重庆出版社，2009.

[2]戴尔·卡耐基.人性的弱点[M].天津：天津人民出版社，2012.

[3]孙佳.锻造孩子性格的99个故事[M].重庆：重庆大学出版社，2013.

[4]葛安妮，葛碧建.0～12岁，给孩子一个好性格[M].贵阳：贵州教育出版社，2014.